Werner Kaiser

Est-il naïf de croire en une autre politique ?

© 2020 Werner Kaiser

Edition: BoD – Books on Demand
12/14 rond-point des Champs-Elysées, 75008 Paris
Impression : BoD – Books on Demand, Norderstedt, Allemagne

Titre original : Ist es naiv, an eine andere Politik zu glauben?
Image couverture avant : wamito, WikiCommons
Photo couverture arrière : Dora Kaiser
Traduction : Monique Centeno
Corrections : Florence Hildebrandt

ISBN 978-2-3222-5869-7
Dépôt légal : mai 2021

Index

Où allons-nous ? 7

1ère partie
Une nouvelle façon de penser s'impose 9
- C'est ainsi que notre époque est née
- "L'époque moderne" faiblit
- L'intégral – une nouvelle vision du monde

2ème partie
La crise de sens 21
- La grande incertitude
- Le sens s'expérimente, il ne se pense pas
- Une politique orientée sur le sens est-elle possible ?
- Vision d'une politique orientée sur le sens
- La force de la vision

3ème partie
Le temps des grandes accélérations 37
- De nouveaux développements nous mettent au défi
- Le changement a déjà commencé
- De nouvelles voies pour agir en politique

4ème partie
Questions concrètes sur la politique et la société 59
- Nous pouvons le faire – le voulons-nous ?
- Comment gérons-nous les différences ?
- Gauche et droite se complètent
- Ça bouillonne dans la marmite

- Une culture de l'attention
- A quel point la démocratie est-elle démocratique ?
- Le peuple a-t-il toujours raison ?
- La mathématique de la démocratie
- Le véganisme est tendance
- Du goût d'avoir des ennemis
- La qualité de vie au lieu de la croissance
- La terreur - la violence des faibles
- Le climat et une génération à l'esprit politique
- La question délicate de la propriété
- Les réfugiés et la peur de l'étranger
- La honte d'être un "Gutmensch"
- Est-il naïf de croire en une autre politique ?

Annexe A : Les pionniers de la pensée intégrale 95

Annexe B : Annotations ……………………………………….. 99

Où allons-nous ?

Les apparences sont alarmantes

Si aujourd'hui vous doutez, vous ne le faites pas sans raison. Malgré 500 ans passés depuis le Siècle des Lumières et 2000 ans depuis l'avènement du Christ, environ 25 grandes guerres sévissent toujours à travers le monde. Selon Amnesty International, la torture est toujours pratiquée dans de nombreux pays en dépit de la Convention contre la torture. La détresse des réfugiés est ingérable. Le fossé de la pauvreté se creuse également dans nos pays. Le réchauffement climatique a des conséquences dévastatrices. Ce sont les pays les plus pauvres qui en souffrent le plus.

Tout cela nous incite peu à y voir des progrès. Il semble que nous soyons plus destructeurs et plus brutaux que les gens d'autrefois. En conséquence, beaucoup d'entre nous sommes peu confiants. Nous nous distrayons à coups de plaisirs ou par la frénésie au travail, ou bien nous nous résignons.

Un grand nombre d'améliorations

Si vous envisagez pourtant l'avenir avec confiance, vous avez aussi de bonnes raisons. Les "Objectifs du Millénaire" de l'ONU pour le développement sont en grande partie atteints. Pour ne citer que quelques exemples : plus d'un milliard d'êtres humains sont sortis de l'extrême pauvreté, la faim a été réduite, le nombre de filles qui fréquentent l'école est plus élevé que jamais.[1] Tous les pays ont signé "l'Agenda 2030" : ils se sont fixé dix-sept objectifs ambitieux pour un développement durable[2]. Même si une grande partie de ceux-ci n'est pas complètement mise en œuvre, la lutte pour un monde dans lequel chacun-e peut vivre est indéniable.

Guido Mingels écrit dans son livre *"Früher war alles schlechter"* (Avant, tout était pire) : *"Au cours des cent dernières années, la pauvreté absolue est passée de nonante à quatorze pour cent, la santé mondiale s'est améliorée, le taux de mortalité infantile a chuté presque partout, la prospérité a augmenté quasiment partout, quatre personnes sur cinq savent lire et écrire, le nombre de victimes de guerre et les taux d'homicides ont diminué, certaines maladies ont disparu, la forêt s'est étendue, la faim a diminué, le temps de travail a été écourté, le labeur des enfants s'est réduit, les Suisses boivent moins et fument moins, il y a moins de victimes de la route."*[3].

En outre, nous pouvons constater une amélioration marquée de la sensibilité. Dans le passé, il était courant de frapper durement les enfants, mais aujourd'hui cette pratique est largement rejetée, voire interdite. Les animaux étaient traités comme de la marchandise, mais aujourd'hui, les associations de protection des animaux et des lois se dressent contre les abus. La cruauté ne persiste que dans les situations où l'appât du gain ou des prétentions de pouvoir l'emportent.

Nous avons tendance à verser dans l'un ou l'autre, dans l'espoir ou dans la résignation. Les faits montrent cependant clairement que les deux sont réalité. Nous vivons dans ce monde divisé. Et nous le savons : nous n'en avons pas d'autre. Nous devons demeurer dans ce monde.

1ère partie : Une nouvelle façon de penser s'impose

C'est ainsi que notre époque est née

L'être humain a évolué depuis un organisme unicellulaire jusqu'à l'homo sapiens. Alors que cette évolution a duré des millions d'années, le développement culturel s'est déroulé dans un laps de temps bien plus court.

Jusqu'à environ l'an 600 avant Jésus Christ, l'imaginaire quotidien des gens était empreint de représentations pré-rationnelles, magiques et mythiques. Les forces de la nature, puis plus tard des divinités étaient alors vénérées. Autour de l'an 600, il y eut des changements de conscience significatifs chez les gens, et ce sur plusieurs continents en même temps. En Grèce, Socrate remplaça les divinités par la raison. En Israël, les prophètes s'opposèrent aux pratiques du temple : "Je veux de la miséricorde, pas des sacrifices[4]" Bouddha remplaça les représentations mythiques de l'hindouisme par un chemin spirituel. En Chine, Confucius et Lao-Tseu développèrent leurs systèmes philosophiques.

La croyance dans les rituels magiques et le pouvoir des dieux perdirent en importance; on commença à penser par soi-même. Déjà à cette époque, un âge rationnel s'annonçait. Lorsque le christianisme et ses mythes devinrent la force dominante, la pensée et les traditions religieuses entrèrent en conflit. Les théologiens développèrent de grands systèmes pour relier la raison et la "révélation". Jusqu'au Moyen-Âge, cette construction philosophico-religieuse fut la force créatrice en Europe.

1500 – naissance de l'époque moderne

L'époque que nous appelons "moderne" débuta autour de 1500 avec un formidable éveil scientifique et culturel. Au lieu de s'orienter comme auparavant vers d'anciens livres, les chercheurs commencèrent à observer le monde directement. Copernic calcula les orbites planétaires et enseigna que la Terre tourne autour du soleil. Galilée saisit le télescope. Keppler se délia de la construction théologique des orbites planétaires parfaitement circulaires et insista sur le fait que les orbites sont elliptiques. Newton étudia la chute des corps et calcula la gravitation. L'observation et les mathématiques commencèrent à remplacer la Bible et l'église.

Un esprit de renouveau régna dans tous les domaines. Au lieu de s'enfermer comme auparavant à l'intérieur des murailles des villes, on partit à la recherche de lointains pays. Christophe Colomb et beaucoup d'autres traversèrent les océans, découvrirent de nouveaux continents, les conquirent, pillèrent et tuèrent à grande échelle.

Le triomphe de la raison

L'"époque moderne" se poursuivit dans tous les domaines de la vie. Le philosophe René Descartes (1596-1650) érigea le doute en base du savoir.

Charles Darwin (1809-1882) découvrit l'évolution des espèces et fit reculer le mythe de la création de la Terre en sept jours.

Un grand éveil technologique débuta. L'industrie, avec ses moteurs et ses usines se développa, l'agriculture se réduisit. Des voyages dans l'espace eurent lieu, on marcha sur la lune. L'ordinateur commença sa marche triomphale, tout comme, presque en même temps, le téléphone mobile. La technique transforma le monde.

L'époque Moderne vit aussi apparaître le capitalisme. Le contrôle de l'économie fut retiré à la noblesse. Adam Smith (1723-1790) déclara que le marché serait capable de s'autoréguler. Le capital s'accumula, une prospérité sans précédent fut atteinte.

La démocratie remplaça les structures seigneuriales. Des villes indépendantes rivalisèrent avec les princes. La Révolution française détrôna les rois, des États démocratiques naquirent. Et finalement, la bombe atomique déploya sa puissante, menaçante force.

Le réveil se fit également sentir dans les arts. Les artistes délaissèrent les représentations religieuses que nous connaissons sous la forme d'icônes, et peignirent de manière réaliste. La Madone reçut les traits de belles femmes vivantes. La représentation en perspective fut créée. Alors qu'anciennement un style artistique avait duré pendant des siècles, les formes stylistiques se succédèrent rapidement.

Un nouvel âge commença. La raison l'avait emporté sur l'ancienne pensée mythique. Tout irait mieux, dorénavant.

L'époque moderne faiblit

La science, la technologie et l'économie nous ont beaucoup apporté : le savoir, la prospérité, les moyens de transport, les machines à laver, les systèmes d'égouts. Cependant, les aspects destructeurs de l'âge moderne se manifestent toujours plus : la prospérité se transforme en écart de pauvreté, la croissance pille les ressources, le savoir nous aliène de notre ressenti naturel.

La pensée rationnelle est indispensable. Cependant, elle risque aujourd'hui de nous happer entièrement, de nous définir complètement, de nous pénétrer intégralement. Elle quitte sa fonction d'outil et prend possession de notre existence et de notre pensée. Dans cette façon de penser, les choses, les animaux, même les gens sont réduits à leur utilité. Ce qui peut être prouvé rationnellement est vrai. Ce qui est utile est bon.

Dans mon enfance, la croyance au progrès était encore intacte. Autoroutes, avions à réaction, nous accueillions tout joyeusement et espérions que cela continuerait ainsi indéfiniment. Et cela persista ainsi pendant longtemps. Jusqu'au jour où des voix critiques se firent entendre. En 1972, le Club de Rome[5] avertit que les matières premières ne seraient pas indéfiniment disponibles. L'année 1972 peut être considérée comme un tournant dans la réflexion sur le progrès.

Des problèmes s'annoncèrent sur beaucoup de fronts. La pollution marine augmenta à un rythme alarmant. La couche d'ozone devint dangereusement mince. La qualité de l'air devint un problème. Les dangers du réchauffement climatique se révélèrent. Des crises économiques secouèrent le commerce mondial. L'écart de pauvreté mit en évidence les déficiences structurelles du capitalisme. La croyance au progrès commença à faiblir. Ce que nous saluions encore il y a peu comme du progrès, devint toujours plus menaçant.

L'humain perd sa couronne

L'image de l'humain, en tant que couronne de la création, perdit sa crédibilité. Si la raison n'a pas pu empêcher l'avènement du national-socialisme et du stalinisme, deux guerres mondiales de faire rage et que malgré les progrès technologiques une grande partie de l'humanité souffre gravement de pénuries, que vaut-elle encore ?

Les sciences, qui avaient rendu possibles de si grandes choses, minèrent à leur tour l'image de l'humain. Le réductionnisme, avec son expression préférée "ce n'est rien d'autre que..." se répandit : les sentiments ne sont rien d'autre qu'une excitation du cerveau limbique, être amoureux n'est qu'un jeu d'hormones, la religion n'est qu'une névrose obsessionnelle. L'humain n'est qu'un animal aux capacités intellectuelles particulières.

Une évolution de conscience est nécessaire

Nous sommes encore trop attachés à la rationalité et à l'opportunisme pour pouvoir évoluer plus loin. Et parce que des institutions qui donnaient du sens, comme l'Église, ne sont plus crédibles pour beaucoup, la perte de sens et d'orientation se répandent. La dépression et la dépendance en sont souvent la conséquence. L'égocentrisme et le narcissisme prospèrent.

La décadence des valeurs matérielles, la croyance illusoire en la technologie, l'esprit égoïste individuel et collectif, l'exploitation impitoyable de la nature et des gens appellent de toute urgence à une nouvelle culture dispensatrice de sens.

L'intégral – une nouvelle vision du monde

Lorsqu'une culture prend fin, de nouvelles approches émergent. La fin de l'âge moderne est annoncée. Qu'est-ce qui le remplacera ? Nous pouvons dégager certaines tendances si nous regardons les faiblesses de l'époque passée.

La pensée ne reflète pas la personne entière

Penser était le centre de l'âge moderne. "Je pense, donc je suis" fut la devise de René Descartes. Penser reste valable. Cela nous a apporté les sciences avec leurs grandes connaissances et leurs développements techniques. Mais penser n'est qu'une fonction de l'être humain. Penser ne permet pas de saisir toute la réalité. La représentation scientifique du monde n'est pas la seule possible[6]. L'expérience subjective, la reconnaissance intuitive, le ressenti éthique, les valeurs culturelles sont également indispensables à la vie humaine. La question du sens de la vie n'est pas accessible à la pensée scientifique, mais elle est centrale dans la façon dont nous façonnons notre vie.

Au-delà de la perspective de soi

Dans la devise "je pense, donc je suis", le mot "je" apparaît deux fois. Ce n'est pas un hasard, car tout l'âge moderne était orienté vers le Je. Me voici, face au monde.

Le dessin en perspective, que l'âge moderne a développé, le démontre très bien. Vous l'avez appris à l'école : tout est conçu à partir de ce que l'on appelle le point de fuite. Ce point de fuite, c'est moi.

Jean Gebser[7] (1905-1973) a fait remarquer que Pablo Picasso et Georges Braque peignaient parfois deux faces du même visage en même temps. Ils y voient un signe que nous devenons aujourd'hui capables d'observer des choses et des processus indépendamment de la perspective égocentrique. Nous pourrions les remplacer par une approche "intégrale" : lorsque j'inclus aussi la perspective des autres, j'enrichis mes connaissances.

Corps – sentiments – pensée - esprit

Si nous renonçons à observer l'être humain du seul point de vue rationnel, nous arrivons à une vision holistique de l'humain. Habituellement, nous nous concentrons uniquement sur un aspect ou l'autre de l'humain. En médecine et dans le sport, nous avons tendance à tout relier au corps. Lors de grandes décisions, par exemple un mariage, nous accordons beaucoup d'importance aux sentiments. Et très souvent, nous oublions le corps et les sentiments et nous nous perdons dans les pensées. L'humain est alors constitué de fonctions. Mais il est plus que cela.

Il est important de prendre au sérieux le corps, avec ses sensations. Il est également important de prêter attention aux sentiments, ils nous motivent à agir. La dimension rationnelle reste également importante, mais son caractère unilatéral doit être supplanté et intégré dans l'ensemble. Et pour être complet, l'être humain doit aussi intégrer sa partie spirituelle, l'ouverture à des expériences inexplicables par la raison.

S'ouvrir à la perspective mondiale

Celui qui ne rend pas absolue sa propre vision du monde ouvre son horizon au Tout. Il transcende l'égoïsme familial, la pensée clanique, le nationalisme. Dans la famille, l'amour et l'assistance ont une grande valeur. Les gens reliés en clans se serrent les coudes entre eux. Les nations s'unissent par des lois communes. L'esprit intégral regarde aussi au-delà de ces limites et s'intéresse au bien-être de tous les humains, de tous les êtres vivants, de la planète Terre.

Cela ne veut pas dire qu'il faille dévaloriser les intérêts individuels, de la famille, du clan et de la nation. Il serait par exemple douteux qu'un père de famille néglige sa famille pour s'occuper de questions globales. Cependant, tout ce qu'il fait, il le considère dans le contexte du Tout.

Les oppositions peuvent être surmontées

La capacité de percevoir et d'apprécier plusieurs perspectives dans une situation donnée aide à surmonter les situations de conflit.

La physique nous précède à cet égard. Selon la nature de l'installation expérimentale, la lumière se présente sous la forme d'un mouvement ondulatoire ou de minuscules particules. Les deux se contredisent, cependant il est possible de voir les deux dans les expériences[8]. Les positions antinomiques sont ici compatibles.

La combinaison de plusieurs perspectives permet d'avoir une vue d'ensemble. Il en résulte de la tolérance. Les gens qui pensent autrement que moi n'ont pas toujours tort lorsqu'ils me contredisent. La vérité ne naît pas du débat; pour y tendre, il faut rassembler des points de vue différents. Si nous voulons prendre la pleine mesure de ce phénomène, tous les points de vue doivent être appréciés à leur juste valeur, également ceux de nos adversaires.

Bienveillance envers tous les êtres

Si je libère ma vision du monde des limites de ma propre perspective et regarde le monde depuis le plus grand nombre possible de perspectives, je prends conscience de l'interdépendance de tous avec tous les autres. De là peut naître une nouvelle attitude de vie : une bonne volonté envers tous les êtres. Je ne pourrais pas vivre si des générations avant moi n'avaient vécu et agi, si mes parents et beaucoup d'autres n'avaient permis que je vive, si d'innombrables personnes, par leur travail quotidien, n'avaient créé nos conditions de vie.

Conscience intégrale

Pour désigner cette façon de regarder le monde, le philosophe de la culture Jean Gebser[9] (1905-1973) utilisa le mot "intégral". Il parla de la "conscience intégrale" qui commençait à émerger.

Percevons-nous qu'elle s'ébauche ? Y a-t-il une prise de conscience que sa propre perspective n'est pas la seule valable et qu'il vaut la peine d'intégrer celle des autres dans la sienne ? La tolérance s'est-elle étendue ? Même si dans l'arène politique polarisée, la règle est toujours de se combattre, croyez-vous en l'avenir d'une pensée et d'une action intégrales ?

2ème partie :
La crise de sens

La grande incertitude

Depuis Galilée, l'humain n'est plus au centre du monde. La Terre s'est avérée être un grain de poussière dans un vaste univers. Un peu plus tard, Charles Darwin détrôna l'humain en prouvant qu'il est issu du règne animal. Sigmund Freud, le père de la psychanalyse, démontra impitoyablement que nous ne sommes pas aussi rationnels que nous le pensons : nous sommes également mus par des forces inconscientes. La théorie de la relativité et la physique quantique ont rendu notre monde incompréhensible. Le monde est devenu un espace infini, qui contrairement à l'ancien "firmament", ne peut plus nous offrir le sentiment de refuge.

Les soixante-huitards

Vers 1968, un violent tumulte s'éleva dans de nombreux pays du monde : le mouvement de Mai 68. La révolte des jeunes bouleversa tout ce qui jusque-là avait été considéré comme juste y compris toutes les traditions. Les règles de conduite morales perdirent leur validité, les structures capitalistes furent appelées à être remplacées par un modèle qui soit digne d'être vécu, le nouvel être humain social devait se réaliser[10]. Le mouvement a beaucoup transformé dans la conscience des gens. Des habitudes figées ont été rompues, des valeurs douteuses remises en question, des autorités paralysantes privées de pouvoir, des tabous brisés. Mais ce mouvement a aussi engendré la perte de la sécurité des traditions et des autorités pérennes.

Dès lors, chacun devait chercher sa propre voie.

La philosophie postmoderne

En même temps, le "postmodernisme"[11] relativisa beaucoup de choses, qui auparavant, étaient considérées comme certaines. L'ouvrage "La condition postmoderne"[12] de Jean-François Lyotard fut le point de départ d'un questionnement radical sur à peu près tout ce qui était considéré comme valable.

"Les métarécits", comme celui de la création du monde en sept jours, de la royauté par la grâce de Dieu ou encore de l'origine de sa propre nation, avaient jusqu'alors totalement contrôlé le comportement des gens. Le temps de ces récits était passé, on n'y croyait plus.

Dans de grandes analyses linguistiques, les philosophes ont démontré qu'il n'existe pas une vérité absolue. Il y a beaucoup de vérités. Individuellement, elles se réfèrent les unes aux autres mais elles n'ont aucun fondement commun. La philosophie est donc comme le cheminement d'un bateau dans un archipel. Chacun est seul sur son île avec sa propre vérité. Pour pouvoir communiquer, un navire relie néanmoins les îles isolées. Rien de plus[13].

Il n'est plus très évident de savoir pour quoi nous vivons

Nous y voilà. Nous avons peut-être gagné la liberté. Le pluralisme des opinions est largement accepté. La dissolution de la pensée normative figée a produit la tolérance. Cependant, le monde est devenu moins sûr, plus douteux. En même temps que les vérités établies et les autorités institutionnelles, le soutien et la sécurité ont également disparu. Plus personne ne nous dit ce qui est vrai ou juste. Cela peut être un grand défi pour l'individu.

La question se pose : s'il n'y a pas de vérité objective, si la vérité se dissout en vérités personnelles, tout n'est-il pas indifférent ? Où cela nous mène-t-il ? Comment nous faisons-nous comprendre alors ? Si plus rien n'a de la valeur, si tout est arbitraire, pour quoi vivons-nous encore ? La question du sens se pose.

Aucun retour n'est possible

Nombreux sont ceux qui essaient d'éviter l'incertitude. Ils écartent la question en renouant avec l'innocence des cultures primitives, ils célèbrent des rituels des Indiens ou des chamans de l'Extrême-Orient. On s'attache à l'interprétation littérale des Saintes Écritures. On s'accroche à des maîtres spirituels. On dénonce les sciences comme étant trop intellectuelles et on célèbre le monde des sentiments.

Le fondamentalisme – religieux ou nationaliste – très répandu, est également une échappatoire à la grande incertitude et à la responsabilité qu'elle implique. Celui qui se sent en insécurité recherche un appui, une bouée de sauvetage. Beaucoup s'accrochent à une organisation "qui sait encore ce qui est vrai". D'autres évincent la question du sens en s'agitant et en nageant dans le sens du courant dominant.

Mais aucun retour n'est possible[14]. Le chemin vers le futur ne permet pas un retour en arrière, avant l'incertitude du postmoderne. Le chemin passe au-delà. C'est au-delà des vérités définies que nous devons rechercher une vie pleine de sens.

Le sens s'expérimente, il ne se pense pas

Même si les valeurs et les autorités traditionnelles ont perdu leur crédibilité, même s'il est impossible de formuler des vérités absolues, il est justifié de questionner le sens qui donne à notre quotidien de la valeur et une orientation.

Spiritualité

Ici, je parlerais volontiers de spiritualité. Mais ce mot est tellement galvaudé qu'il va conduire à des malentendus. D'autres mots pourraient aussi servir : illumination, paix intérieure, Atman, Essence. Ils font tous référence à la même chose, chacun avec un accent particulier. Je choisis ici le mot "sens", pleinement conscient que ce mot a aussi besoin d'interprétation.

Le sens se révèle

Je ne peux pas formuler le sens de la vie. Il n'est pas discernable par le biais de la pensée. Mais je sais qu'il y a des événements qui me saisissent, me remplissent de sens. Je sais aussi que je peux accomplir des actions dont je ne doute pas du sens, même si au niveau de la raison il n'y en a pas. Je ne dois pas le prouver, je l'expérimente. Dans ces moments-là je ne doute pas que la vie a un sens.

La fleur est plus que de la botanique

Tous les jours nous voyons des fleurs. Nous passons rapidement devant elles, nous nous posons peut-être la question de combien elles coûtent, quel est leur nom botanique. Mais il arrive que nous nous arrêtions devant une fleur. Nous sommes saisis. Nous nous émerveillons de sa beauté. Nous remarquons que cette fleur est plus pour nous que la fleur botanique produite par la nature. Entre nous et la fleur quelque chose s'est créé qui revêt du sens.

De même, la lune est également plus qu'un amas de roche tournant autour de la terre. La musique est plus qu'un faisceau d'ondes sonores en mouvement rythmique. Le coucher du soleil est plus qu'une réfraction. Un tableau est plus qu'un objet de collection. Une rencontre est plus qu'un contact.

Nous sommes capables de donner un éclat, une signification à ce que nous rencontrons dans la vie quotidienne, à ce que la science mesure et contrôle. Si nous laissons faire, la vie devient chaleureuse et nourrissante. L'expérience nous conduit dans un espace de vitalité, de beauté et de sens.

Quand nous parlons de ce genre d'expériences, les personnes ayant un mode de pensée scientifique disent souvent que cela existe, mais que ce n'est "que subjectif". Mais lorsque nous considérons des expériences qui nous ont profondément émus, nous ne sommes pas d'accord avec elles. Le "que" nous semble péjoratif. C'est de la science que nous préférerions dire qu'elle n'est "qu'objective". La vie, c'est plus que de la pensée.

Bien sûr, en face du mot "sens" il y a "non-sens" ou "absurdité". L'absurde dans le monde est au moins aussi impressionnant que le sensé. Il serait utile de faire une étude spéciale pour voir comment éviter que le sens soit englouti par le non-sens. Nous pourrions également étendre notre questionnement dans les domaines de la religion et du mysticisme. La religion véhicule une forme concrète de vie dotée de sens. A tous ceux qui suivent un chemin de pratiques spirituelles, le mysticisme ouvre l'accès à des domaines qui nous sont autrement fermés. Mais développer davantage ces sujets dépasserait notre cadre.[15]

Une politique orientée sur le sens est-elle possible ?

Peut-être nous sommes-nous quelque peu éloignés de l'orientation sociétale de ce livre. Mais c'était nécessaire pour pouvoir poser la question suivante : existe-t-il aussi une politique orientée sur le sens ? Est-il possible de transposer en politique ce que nous considérons comme significatif et précieux dans notre quotidien ?

L'éthique du bon sens

En politique, nous fixons des règles sur la façon dont nous voulons interagir les uns avec les autres. Cela comprend les règles de circulation, les lois de l'État, mais aussi les contrats et les accords que nous avons conclus entre nous.

Et il y a des fondements moraux qui sont immédiatement évidents et auxquels nous acquiesçons quand nous y pensons, simplement parce qu'ils sont raisonnables. Un bon exemple est la "règle d'or", qui est présente dans de nombreuses cultures anciennes : "*Traite les autres comme tu aimerais être traité toi-même*". L'"Impératif catégorique" d'Emmanuel Kant (1724-1804) se présente également de manière plausible : "*Agis seulement d'après la maxime grâce à laquelle tu peux vouloir en même temps qu'elle devienne une loi universelle*[16]." Penser ainsi correspond au bon sens.

En philosophie politique, citons "L'éthique de la discussion" de Jürgen Habermas[17]. Selon ce point de vue, les normes sont valables si elles "*rencontrent l'adhésion de tous les intéressés en tant que participants à une discussion pratique*". Il s'agit d'une pratique rationnelle qui peut être partagée par tous ceux qui sont disposés à traiter des arguments. Et cette pratique est aussi largement utilisée pour créer notre éthique nationale et internationale.

Nous avons fixé les bases de l'action commune dans la Constitution, les lois et les règlements. On s'est mis une fois d'accord à leur sujet et elles s'appliquent maintenant. C'est sur elles que les commissions d'éthique s'appuient généralement. Un exemple est la protection des minorités convenue par les membres des Nations Unies après la Seconde guerre mondiale.

Une éthique de la conscience intégrale ?

Tout cela est bien et important. Nous avons besoin de telles règles, de telles lois. Et nous devons nous appuyer sur ce sur quoi des personnes peuvent se mettre d'accord. Mais ne souhaiterions-nous pas plus ? Une éthique qui ne serait pas dirigée par des règles extérieures, qui ne serait pas soutenue par des arguments mais par des impulsions intérieures, par une attitude intérieure, spirituelle ? Une éthique développée entièrement à partir de la conscience intégrale, de la culture d'une intelligence intuitive-spirituelle ?

Lors d'une conférence, Christian Felber, le fondateur de l'Économie citoyenne (Gemeinwohl-Ökonomie)[18], demanda à son public de noter sur un tableau ce qui était important pour chacun, dans le cercle familial et amical. Les réponses furent assez unanimes : affection, attention, gentillesse, fiabilité, bonne volonté, pardon, amour. Dans une seconde colonne il leur demanda d'inscrire ce qui compte en politique et en économie. Furent mentionnés : avoir raison, gagner, éliminer la concurrence, le pouvoir, le profit.

Il est apparu clairement que les valeurs qui nous importent dans le domaine privé manquent dans la politique et les affaires. Nous rencontrons également cette pénurie dans des barbarismes tels que "marché des seniors", "capital santé", "flux migratoire", "capital humain", "papy-boom". Ce manque apparaît de manière criante dans les luttes des multinationales, dans l'armement militaire, dans les guerres.

Dans la théorie de l'évolution, la loi suivante s'applique : le plus apte à survivre s'impose. De nouvelles recherches soulignent que la capacité à coopérer est tout aussi déterminante pour la survie. L'évolution et la culture nous ont donné, à nous humains, d'autres compétences précieuses : compassion, serviabilité, sympathie, amour. Il est assez tragique que la politique et l'économie soient encore largement coincées dans une lutte pour la survie.

Vision d'une politique orientée sur le sens

L'expérience et la recherche de sens ne se laissent pas transposer sans autre dans la politique. Des personnes conscientes possèdent cette expérience. Des valeurs orientées sur le sens pourraient s'implanter, si une culture de la conscience était un jour suffisamment ancrée dans la société. En attendant, elles restent une vision portée par des individus et des groupes solidaires. Toutefois les visions, elles aussi, sont efficaces.

Une image spirituelle de l'homme

La glorification unilatérale de la pensée et de l'action, que le modernisme a engendrée, a façonné notre image de l'homme. A son tour, cette image de l'humain induit le comportement de la société. Libérer les gens d'une image de l'humain unilatérale et restrictive est une tâche hautement politique.

L'être humain est plus que du savoir et de la performance. Il est plus qu'un prestataire de services. Son expérience ne se limite pas au mouvement des neurones dans le cerveau. L'humain est libre de ses décisions et responsable de ses actes même si cela se mesure autrement sur le plan neuronal. L'avidité n'est pas sexy, même si certains le pensent, au contraire, elle atrophie[19]. En plus des sensations physiques, des sentiments et des pensées, nous sommes également fondamentalement ouverts, en tant qu'humains, aux expériences qui ont du sens et aux impulsions spirituelles.

Surmonter l'inculture de l'avoir

Le modernisme a placé le sujet, le Je, au premier plan. Nous avons donc appris à tout regarder depuis notre point de vue égocentrique. *Je* dois avoir raison, *je* dois être valable, *je* dois acquérir et avoir.

De là s'est développée une vision du monde qui met en avant la consommation de biens. Elle a ainsi créé une économie ayant élevé au rang de principe l'avidité pour un profit illimité. Vouloir posséder domine le monde et empêche une vie réelle dans la bonté et la justice.

L'avidité est probablement l'un des moteurs les plus puissants de l'homme. Elle a plusieurs niveaux et formes. Le nouveau-né tète avidement le sein de sa mère. Nous le lui concédons volontiers. Nous cherchons plus ou moins avidement à satisfaire nos besoins fondamentaux. Cela aussi est acceptable. Si nous vivons dans le besoin, nous développons une avidité accrue et nous devenons égocentriques. Et finalement, nous vivons notre avidité aux dépens des autres.

La politique canalise l'avidité par des lois afin qu'elle ne perturbe pas l'ensemble et même pour qu'elle serve à l'ensemble. Au sein du libéralisme, elle laisse l'avidité se jouer dans la concurrence; dans le socialisme elle veut inhiber et corriger ses effets négatifs au profit d'un monde juste. L'avidité elle-même n'est pas remise en question.

Cependant, au-delà de cela il y a ce phénomène étonnant de l'amour, dont la politique ne semble pas tenir compte.

N'assujettissez plus la terre

L'énoncé de la bible : "*Assujettissez la terre*"[20] a été utilisé et abusé pour nous permettre, à nous les humains, d'exploiter la terre, de dégrader les animaux en marchandises, d'ignorer sans égards le cycle de la nature et le droit à la vie de tous les êtres vivants.

Ce passage biblique exprime de la violence. La violence était courante dans les sociétés anciennes. Nous n'avons pas besoin de l'endosser. Aujourd'hui, cette phrase peut être comprise différemment : prenez soin des plantes et des animaux comme de vos semblables. Si vous en avez besoin, comme forces de travail ou comme nourriture, en accord avec les lois de l'évolution, faites-le avec respect et considération.

L'intuition comme voie d'accès à la décision

Nous avons évoqué les lois que nous nous sommes imposées au fil du temps. Le contexte était généralement celui du "bon sens".

Cependant, nous savons par notre expérience personnelle qu'une autre capacité peut également être utilisée pour prendre une décision : l'intuition. Pour y accéder, la réflexion, la planification et la volonté sont réfrénés, pour donner place à une attitude réceptive. Inconsciemment, les nombreux aspects du problème traité s'éclaircissent. Une idée, une image, une impulsion émergent. De la clarté naît. Et je sais ce qui est juste, maintenant, dans cette situation.

Le parti suisse "Politique Intégrale"[21] a développé à cet effet une méthode qui intègre l'intuition dans les décisions politiques. Tout d'abord, l'état réel de la question est appréhendé de la manière la plus complète possible. Les arguments des opposants sont également examinés. Les sentiments, les craintes, les besoins apportent aussi leur contribution. Puis le silence s'installe, la détente, une liberté intérieure, pour accueillir ce qui veut venir. Ce qui vient est collecté et traité en vue d'une décision.

Une culture de l'attention

Donner à la dimension intérieure, porteuse de sens, une place solide dans la vie, exige un mode de vie qui a quasiment disparu aujourd'hui. La plupart du temps, nous passons la journée de manière active, avec des objectifs précis et sous le contrôle de notre volonté. Ou alors superficiellement, avec indifférence. Si je veux m'ouvrir à l'expérience inspirante et contribuer à une culture de l'attention, une attitude différente et réceptive est nécessaire : être prête à percevoir des stimuli discrets de l'extérieur et des impulsions subtiles de l'intérieur et y réagir avec attention.

Nous sommes loin de cette culture de l'attention. Elle se répand dans les cercles de personnes plus conscientes. Toutes sortes de formations offrent la possibilité de l'apprendre et de l'exercer. L'objectif doit être de donner à cette culture sa place dans l'ensemble de l'espace public.

La force de la vision

Une telle éthique ne pourra peut-être jamais être introduite dans une société pluraliste. Ce qui fait foi, dans la société, c'est ce que produit le débat. Cela s'appliquera dans la mesure où une majorité sera mûre pour le faire.

Mais ce dont je ne veux pas me priver, c'est de vivre avec une vision. La vision d'une société orientée vers le sens et inspirée par une attitude intégrale. Et si je peux partager cette vision dans une communauté de personnes partageant les mêmes idées, elle devient une force encourageante et stimulante.

Ceux qui développent des visions sont souvent considérés avec complaisance comme "visionnaires". Tout le monde sait qu'en politique seuls de petits pas peuvent être accomplis. On oublie souvent que les petits pas s'égarent si la direction dans laquelle ils doivent aller n'est pas claire.

Ne nous empêchons pas de rêver à une société qui soit orientée vers le sens et qui vive dans une conscience intégrale, globale. Renoncer à une vision signifierait laisser dépérir la joie et la confiance. Il ne s'agit bien sûr pas de l'attente naïve d'un paradis terrestre. Il s'agit d'établir la boussole de nos actions quotidiennes. Même si les processus de prise de conscience sont lents et que la résistance est grande, la vision guidera nos pas et renforcera notre motivation à agir dans la bonne direction par des actions concrètes.

3ème partie : Le temps des grandes accélérations

De nouveaux développements nous mettent au défi

Depuis que Jean Gebser a développé sa vision de la conscience intégrale, beaucoup de choses se sont passées. De nouveaux développements nous dépassent à une vitesse fulgurante. Des innovations techniques semblent s'étendre à l'infini, les progrès de la biotechnologie ne peuvent plus guère être contrôlés, l'effondrement écologique commence à prendre forme.

La révolution digitale

Il y a quelques décennies, on ne trouvait dans la sphère privée ni ordinateur, ni téléphone portable. Aujourd'hui, il semble pratiquement impossible de vivre sans eux. L'internet relie tout un chacun et nous donne accès à toutes les connaissances de l'humanité. Des multinationales comme Facebook ou Google offrent des services de communication et de divertissements par-delà les frontières. Les données sont collectées, évaluées et utilisées à des fins publicitaires et de contrôle comportemental. Le spectre de l'être humain transparent et contrôlable menace.

Un exemple impressionnant de la révolution digitale est l'ordinateur autodidacte "AlphaZero" de la firme DeepMind. On lui apprit toutes les règles du jeu d'échec. Puis on le laissa jouer. Il devait apprendre par lui-même à jouer aux échecs. Il joua quelques heures contre lui-même, apprit de ses parties et vainquit de manière écrasante l'algorythme d'échecs "Stockfish". Stockfish était alors le meilleur ordinateur de jeux d'échecs. Il contenait toute la connaissance des échecs de l'humanité[22].

Tout va si vite que les réglementations sociales arrivent à peine à suivre. La peur de perdre son emploi est omniprésente. Les humains menacent de devenir superflus dans la mesure où les machines peuvent travailler mieux et plus vite.

Le matériel génétique est disponible

Depuis 1971, le monde scientifique travaille au déchiffrage du code génétique. En 1975, des chercheurs se réunirent en Californie pour une conférence et définirent ensemble les limites de la recherche. Le danger d'une manipulation incontrôlée était apparemment déjà reconnu à l'époque. En 1982, l'insuline artificielle est arrivée sur le marché comme premier médicament issu du génie génétique. Dans les années huitante éclata la controverse sur la question de savoir si les organismes génétiquement modifiés étaient brevetables. En 1981, la Cour suprême des États-Unis d'Amérique décida qu'il n'y avait aucune objection fondamentale à breveter des êtres vivants. Quelques années plus tard déjà, une souris modifiée génétiquement fut brevetée. En 1990, le monde scientifique lança le projet "Génome humain", qui a finalement abouti au décodage complet du code génétique humain.

Nous connaissons maintenant le schéma de construction de notre espèce. Mais on va plus loin. En 2018 fut lancé le projet international "Earth Bio

Genome". Il a pour objectif de déchiffrer dans un délai de dix ans le code génétique de tous les êtres vivants connus et de les mettre à disposition de tous. Cela ouvre d'énormes possibilités : guérison de maladies, optimisation de nos capacités mais également des dérapages importants.

L'humain, les animaux, les plantes peuvent être "optimisés", c'est-à-dire modifiés selon nos désirs. Mais nos souhaits sont-ils raisonnables ? Pouvons-nous modifier ce qui s'est développé durant des millions d'années sans mettre en danger l'équilibre de toute la biosphère ?

Le capitalisme sort de son lit

A l'origine, le capitalisme a été conçu pour construire une société de troc sans domination. L'échange entre égaux devait remplacer le régime des princes et des nobles[23]. La fabrication des biens nécessaires ne devrait pas être le résultat d'une contrainte, mais de l'intérêt personnel des individus. L'économie serait stimulée, car l'intérêt personnel motive.

Mais maintenant, le capitalisme prend des formes incontrôlables. Les marchés gouvernent de plus en plus la politique. L'approche initialement démocratique est remplacée par la dictature de multinationales. La bourse, surtout sous la forme de transactions à haute fréquence, retire d'énormes quantités d'argent de l'économie réelle sans offrir de contre-valeur. Le néo-libéralisme divise les peuples et les gens entre riches et pauvres. Il dévore les ressources limitées de la terre pour produire des marchandises superflues, pour lesquelles de la publicité est à nouveau nécessaire. Il génère des montagnes d'ordures. Il est en train de détruire, sans considération, les fondements de la vie humaine sur cette terre.

Il existe des contre-forces. Mais elles sont encore trop faibles pour résister à la pression de la maximisation du profit. Les États, les multinationales, les systèmes sont si fortement interconnectés qu'il est presque impossible d'utiliser un seul levier. Des réformes ne sont possibles que par un changement complet d'attitude, surtout par le bannissement de la cupidité, qui est même souvent glorifiée aujourd'hui[24]. Ou alors par une catastrophe inimaginable.

Un monde globalisé

Les frontières nationales existent encore, mais elles sont de plus en plus relativisées par l'économie, la migration et l'envie de voyager. Les marchandises sont importées et exportées, les valeurs standard sont harmonisées, les lois sont uniformisées. Des crises économiques aux États-Unis d'Amérique ou en Chine font des vagues loin à la ronde. Les multinationales opèrent sur une base transnationale et échappent ainsi aux contrôles des États.

Le projet de l'Union Européenne a apporté à l'Europe, qui venait de se déchirer, la paix et la prospérité pendant de longues décennies. Mais l'accent mis uniquement sur l'aspect économique de la coopération a également entraîné des changements douloureux : diminution de l'autonomie nationale, dépendance des économies nationales vis-à-vis des développements dans le reste du monde, concentration de l'agriculture en entreprises toujours plus grandes, faillites de commerces, etc.

Pour ou contre la globalisation ? Une décision dénudée de sens. Une globalisation radicale sacrifie l'autonomie des régions, ouvre la voie à des concentrations de puissance transnationales et à une uniformisation culturelle. Au contraire, un repli sur les frontières nationales favorise un regain de nationalisme avec ses risques de représentations hostiles de l'autre et de conflits. Qui veut trouver des solutions doit prendre en compte les deux.

La complexité de la question migratoire

L'appauvrissement de pans entiers de populations entraîne de grands mouvements de migration. Fin 2015, 65,3 millions de personnes dans le monde étaient en fuite. Les causes sont d'une part la violence : guerres, terreur, peur de l'enlèvement ou de la torture; d'autre part, les changements climatiques avec leurs conséquences : sécheresse, inondations, élévation du niveau des mers, pénurie d'eau potable.

Vraisemblablement, les mouvements migratoires augmenteront. Le changement climatique va pousser les gens à fuir, même sans être motivés par la guerre.

De nombreuses personnes sont émues par le sort des réfugiés. Presque toutes les nations se sont engagées à respecter les droits de l'homme à l'ONU. C'est pourquoi de nombreux pays accueillent un grand nombre de réfugiés. Mais lorsque cela se produit, un nouveau problème se pose : la haine et la xénophobie se développent dans la population. Cela place les gouvernements soucieux de la dignité humaine devant un dilemme.

La migration et ses conséquences doivent être comprises dans toute leur complexité et ne doivent pas être livrées aux slogans populistes.

Nouvelles formes de guerre

Certes, les nations se réarment avec des chars et des avions comme au temps des guerres mondiales. Des armes nucléaires sont également à nouveau en construction. Mais de nouvelles formes d'affrontements violents menacent. Après l'invention de la poudre à canon et des armes nucléaires, la troisième révolution de la guerre semble avoir débuté. Des pilotes de drones sont assis dans un centre sécurisé et mènent le combat à distance. Des robots remplacent partiellement des soldats. Des rats sont téléguidés par des électrodes implantées et fouillent des ruines de bâtiments, des tunnels et des grottes. Ils y espionnent ou y occasionnent des dégâts. Des systèmes d'armement totalement autonomes et auto-apprenants prennent des décisions. La cyberguerre, avec ses nombreuses possibilités - de l'interruption des communications jusqu'à la paralysie des infrastructures - peut également générer de grandes destructions, même sans armes.

La guerre prend une nouvelle dimension par l'intention déclarée des États-Unis d'armer l'espace. Parallèlement à son annonce d'allouer 716 milliards de dollars au budget de la défense, Donald Trump a annoncé en juillet 2019 : "Comme le ciel, la terre et la mer, l'espace est devenu un champ de bataille". La Chine, la Russie et l'Inde se préparent également à une "guerre des étoiles". La folie du réarmement s'étend à l'infini.

Le défi du changement climatique

Le changement climatique est un phénomène qui se produit également indépendamment de l'activité humaine. Sur ce point-là, les opposants à une nouvelle politique du climat ont raison. Mais depuis l'industrialisation, il a pris une nouvelle dimension. En conséquence, les Nations Unies ont créé le Groupe d'experts intergouvernemental sur l'évolution du climat en 1988. En 2007, celui-ci déclara qu'il ne faisait aucun doute que le rejet des gaz à effet de serre par l'homme provoque un changement climatique rapide. Entre-temps, plusieurs rapports intermédiaires ont été publiés, confirmant cette déclaration[25]. Des recherches récentes démontrent que le changement de climat actuel est en grande partie dû à l'humain et qu'il peut donc dès lors être modifié par l'humain[26].

Certaines conséquences du changement climatique sont déjà effectives, d'autres sont prévisibles. Les glaciers en Antarctique, au Grœnland, en Islande et au Spitzberg fondent de manière alarmante. Les glaciers des régions alpines ont également reculé sur de grandes surfaces. Le permafrost fond, ce qui entraîne des chutes de pierres.

En raison de la fonte des glaciers, le niveau de la mer s'élève. Entre 1901 et 2010 il est monté chaque années de 1,7 millimètres, mais dans la dernière phase de ces dernières années, elle est passée à 3,2 millimètres par an [27]. Des recherches suggèrent que l'élévation sera comprise entre 50 cm et 2,3 m d'ici 2100 [28]. Les Pays-Bas construisent de nouvelles digues et de grands bassins de rétention. Au Bangladesh, un pays particulièrement menacé, l'argent manque pour le faire.

Pourtant, les associations économiques, et les partis qui leur sont assujettis, continuent de banaliser le problème, se justifient par des arguments peu convaincants et s'opposent aux mesures nécessaires. Le déni du changement climatique est un excellent exemple de politique axée sur les intérêts.

Des conférences mondiales travaillent à des solutions appropriées. Dans les entreprises, des méthodes respectueuses du climat sont développées. Dans le privé également, nombreux sont ceux qui commencent à réduire leur consommation, à se restreindre pour apporter leur propre contribution. Mais quiconque veut travailler à des structures et des processus constructifs doit s'armer de patience et de prévoyance. La conscience se développe lentement. Allons-nous y arriver ?

Le changement a déjà commencé

Nous ne sommes pas seuls. Partout dans le monde, des gens et des organisations s'efforcent de minimiser les effets destructeurs de politiques malavisées et d'activités économiques sans scrupules, afin d'amorcer un changement vers une plus grande durabilité et une meilleure qualité de vie. Ce chapitre traitera de ces initiatives. Cela peut contrebalancer les nombreux messages culpabilisants qui nous parviennent jour après jour.

L'ONU a pris les devants

En réponse à la catastrophe dévastatrice de la Seconde guerre mondiale, l'ONU a été fondée. Par sa Charte, elle a jeté les bases d'une action transcendant les intérêts nationaux. Un écrit capital, qu'il est toujours instructif et encourageant de lire[29].

Outre la Charte, de nombreux autres accords ont vu le jour au sein des Nations Unies. Le programme de lutte contre la faim dans le monde soulage la misère lors de sécheresses et de guerres. La Déclaration universelle des droits de l'homme vise à assurer à tous une vie dans la dignité. La Cour internationale de justice offre la possibilité de résoudre des conflits entre États sans recourir à la violence. La Convention contre la torture proscrit les traitements cruels. De nombreuses autres "déclarations" réglementent la cœxistence des nations. En dépit de toutes ses lacunes, l'ONU est, par ses travaux, une pionnière de l'action en réseau au niveau international.

Les organisations non gouvernementales invitent à l'action

Indépendantes de l'ONU et d'autorités étatiques, de nombreuses organisations non gouvernementales (ONG) œuvrent pour un monde juste et durable. La plupart du temps, elles sont actives au-delà des frontières nationales, dans différents pays. Elles sont officiellement reconnues par les Nations Unies comme des actrices de la politique mondiale.

Nous en connaissons beaucoup : "Greenpeace" s'engage dans des actions courageuses contre les abus des multinationales, là où la communauté internationale ne fait que regarder. "Médecins sans frontières" soigne là où les puissances en présence détruisent. "Amnesty International" s'engage contre la torture partout où celle-ci est pratiquée. "Human Rights Watch" se bat pour le respect des droits de l'homme, là où l'ONU a trop peu de capacité d'action. "Public Eye" met en lumière les agissements antisociaux et anti-écologiques de nombreuses entreprises dans les pays pauvres. "L'initiative Clean Clothes" s'engage pour que l'industrie du textile des pays pauvres paie des salaires couvrant le minimum vital. Ces ONG, ainsi que beaucoup d'autres, nous invitent à participer à leurs actions.

Un grand nombre de petits projets

A l'heure actuelle, de nombreux projets de moindre envergure sont également développés dans le monde entier, au service d'un avenir digne d'être vécu. Ils complètent la protestation et le combat par des actions concrètes orientées vers l'avenir. Beaucoup d'entre eux commencent à se mettre en réseau au niveau international. Malheureusement, nous n'en entendons généralement pas beaucoup parler dans nos médias. Certains d'entre eux sont présentés ici.

L'alimentation décentralisée
La production privée de nourriture complète la culture à grande échelle mondiale avec ses énormes monocultures souvent non durables. Les formes de commerce que nos grands-parents connaissaient déjà, comme les marchés ou la vente directe à la ferme, reprennent vie. Ils proposent des produits frais et favorisent des contacts entre les gens. La permaculture réintègre les déchets qui en résultent dans le cycle. La production régionale évite les grandes routes commerciales et la concentration du pouvoir des grandes sociétés agricoles. Elle encourage l'agriculture biologique, sauvegarde les emplois et préserve la spécificité culturelle des régions.

Les jardins urbains
Jusqu'à présent, l'agriculture était essentiellement l'apanage des zones rurales. Mais de plus en plus de villes offrent de l'espace pour la plantation. "Urban gardening" (le jardinage urbain) est devenu

un concept mondial. Les jardins verdissent les parties peu attrayantes des villes et permettent aux citadins d'accéder à la nature. Dans les pays pauvres, ils font partie de la lutte pour la survie.

Deux projets se sont faits connaître en Californie. La "South Central Farm" a été créée par des réfugiés d'Amérique du Sud. Elle leur a permis d'obtenir de la nourriture que la ville ne leur donnait qu'en quantité limitée. En même temps, c'était le lieu idéal pour se rencontrer. Le projet a été abandonné en raison de revendications de propriété. La "Fairview Gardens Farm" a connu un meilleur sort. Le projet voulait combiner la communauté, l'agriculture et l'éducation. Il a bénéficié d'un soutien politique, a même été placé sous protection en 1997 et est aujourd'hui considéré comme un modèle de jardinage urbain réussi.

Projets de mobilité urbaine

Sous l'influence de groupes engagés, de nombreuses villes développent des projets de mobilité respectueux de l'environnement. Copenhague est considérée comme un modèle de ville favorable au vélo. Plusieurs villes des Pays-Bas, de Norvège et d'Allemagne ont suivi. Depuis 2005, "Pro Velo Suisse" décerne, dans différentes catégories, des prix en matière de politique des transports durables.

De nombreuses villes envisagent l'introduction du Roadpricing, une redevance pour l'utilisation des routes dans les quartiers particulièrement encombrés. Singapour a déjà commencé en 1970, les villes de Bergen et Oslo en Norvège ont suivi.

Londres a introduit cette taxe en 2003, mais avec quelques restrictions.

Monnaies locales

Dans une zone géographiquement limitée, les monnaies locales rassemblent les entreprises pour créer une sorte de système d'échange régional avec leur propre argent. Cela lie les clients aux points de vente régionaux, favorise les contacts sociaux et offre une certaine indépendance par rapport au système financier de l'État.

Il y a environ 30 monnaies locales en circulation actuellement en Allemagne. La plus connue est la "Chemgauer", qui est née dans une école Waldorf.[30] En Suisse, la monnaie "WIR" a gagné en importance. Le projet compte sept agences et gère sa propre banque. Le "Eulachtaler" à Winterthur, le "NetzBon" à Bâle, "Le Farinet" au Valais et "Le Léman" dans la région lémanique sont des monnaies régionales en Suisse parmi beaucoup d'autres. Elles veulent toutes promouvoir le commerce régional avec ses avantages sociaux et écologiques.

Nouvelles formes de logement

Depuis que la maison individuelle a conquis sa place après la Seconde guerre mondiale et que, depuis quelques années, la densité de l'habitat a été encouragée, des formes de logement visant à susciter une coexistence sociale et écologique sont actuellement crées dans de nombreux endroits.

La construction de ce que l'on appelle les "logements sociaux" existe depuis longtemps. Il s'agit d'appartements à bas prix subventionnés par le gouvernement pour les personnes à faible revenu. Puis de nouvelles formes de logement se sont récemment concentrées principalement sur la qualité de vie, la stimulation de la convivialité sociale et les modes de vie écologiques. Fréquemment, les véhicules n'y sont pas autorisés. Des salles communes invitent aux contacts. Souvent, on vise un bon mélange des générations.

Un exemple spectaculaire est la "Coopérative Kalkbreite" à Zurich[31]. Elle propose 97 appartements et de nombreux locaux commerciaux. D'autres projets sont en cours de réalisation. Une mixité sociale équilibrée est recherchée. Les personnes défavorisées sur le marché du logement bénéficient d'un soutien.[32]

Start ups d'utilité publique

Sans faire beaucoup de publicité, ce sont surtout des jeunes qui créent des entreprises qui ne sont pas principalement axées sur le profit, mais sur l'utilité sociale[33]. Ils veulent concilier l'activité entrepreneuriale et la pensée sociale. Ici ne se créent pas seulement de nouvelles entreprises, mais une nouvelle mentalité, et ce en plein milieu d'une économie axée sur le profit.[34]

Tous ces projets ont un fond commun : une conscience affinée et élargie. Ce n'est plus le Je avec ses besoins qui est au premier plan, mais le Nous au sens large. Le monde n'est plus considéré comme un sujet objectif auquel nous sommes confrontés, que nous utilisons et exploitons. Nous commençons à nous considérer comme faisant partie d'un tout. La pensée écologique et critique à l'égard de la consommation se développe. Les rapports avec les personnes et les animaux sont devenus plus sensibles. La recherche de sens se manifeste dans les nombreux cours de méditation, de yoga, de taï chi et d'autres formes d'exercices holistiques.

Bien sûr, ce sont encore de petits cercles qui pensent, ressentent, agissent ainsi et les forces destructrices agissent encore avec violence. Mais les progrès ont toujours été initiés par des petits groupes. Une confiance lucide et courageuse est de mise.

De nouvelles voies pour agir en politique

Les nouvelles possibilités techniques dans le domaine de la communication sont énormes. L'économie et la politique les utilisent déjà depuis longtemps. Nous pouvons tous les utiliser pour donner une impulsion à nos causes sociétales et politiques.

Les problèmes deviennent de plus en plus complexes avec la globalisation. *"Penser global, agir local"* était la devise des Verts. Cela reste juste, mais cela ne suffit plus. Une action globale est également nécessaire. Les exigences de notre époque ne peuvent plus être satisfaites uniquement par des mesures nationales. Les structures économiques sont trop imbriquées.

Nous devons nous ouvrir au fait que nos vies sont de plus en plus déterminées par des contextes internationaux. De nombreux médias nous donnent les outils nécessaires pour identifier les connexions internationales et exercer de l'influence au niveau mondial.

Communiquer au-delà des frontières

Pour tous les domaines politiques, il existe des forums sur internet qui permettent de discuter de questions politiques par-delà les frontières. Un grand nombre peuvent être trouvés sur la plate-forme forum-politique.org[35]. La discussion est menée en français. Le niveau de discussion n'est pas toujours exceptionnel, mais il peut être influencé par une sélection critique et des contributions propres. Des forums personnels peuvent également être mis en place.

Dans les forums de langue française, nous sommes limités aux francophones. Politicalforum.com est une plateforme en anglais, qui permet des contacts depuis tous les pays. Une participation active est également possible ici, et des thèmes peuvent aussi y être ouverts.

Mobiliser les gens

L'écolière Greta Thunberg est un merveilleux exemple de la façon dont les médias sociaux peuvent éveiller des forces créatrices. Elle a déclenché le mouvement climatique des jeunes avec sa "grève du climat". Grâce aux médias sociaux, elle s'est rapidement fait connaître dans le monde entier. Elle a déjà pu présenter ses préoccupations dans certaines instances de l'ONU ainsi qu'au Forum économique mondial. Elle est imitée par des milliers d'étudiants du monde entier.

Un autre exemple est l'hashtag "Me Too". Pendant des décennies, les femmes, dépendantes de structures masculines ont supporté le harcèlement sexuel. Dans un système judiciaire dominé par les hommes, il était difficile d'obtenir gain de cause lors de dépôt de plainte. Grâce aux réseaux sociaux, la protestation s'est rapidement transformée en un mouvement mondial et influent.

Facebook offre des possibilités créatives de communiquer, qui surpassent tout ce qui a été fait jusqu'à présent. Cent membres qui partagent une vidéo avec cent amis chacun atteindront, si ceux-ci les partagent, dix mille personnes. Une organisation peut systématiquement l'utiliser. Les aspects douteux de Facebook sont bien sûr à prendre en considération. Mais avec la prudence nécessaire, nous pourrions l'utiliser pour diffuser nos causes et avoir un impact considérable.

Lancer sa propre pétition

Nous disposons de plateformes régionales et internationales pour participer à des campagnes ou pour lancer les nôtres. WeCollect[36] se propose en Suisse pour lancer des initiatives et des référendums. La plate-forme a déjà connu un certain succès sur la scène politique. Par exemple, elle a réussi à récolter avec succès les signatures pour l'"initiative corrective" contre l'exportation d'armes vers des pays en guerre civile. Campax[37] permet aussi de mener des campagnes au niveau suisse. Une plate-forme importante est openPetition[38].

Avaaz[39], déjà largement utilisé, convient particulièrement pour les pétitions internationales. Avaaz affirme vouloir mobiliser les citoyennes et les citoyens du monde entier "*pour fédérer les citoyen-ne-s de toutes les nations pour réduire l'écart entre le monde tel qu'il est et le monde voulu par le plus grand nombre, partout*".[40] Le plus souvent, Avaaz invite à signer. Mais là également, il est possible de lancer sa propre pétition.

Les connaissances sont disponibles

"Wikipedia" et ses semblables[41] ont ouvert la voie : les connaissances sont collectées, développées et mises à disposition grâce à la libre coopération de nombreuses personnes dans le monde entier. Ainsi, des sources indépendantes des intérêts commerciaux ou politiques sont créées, ce qui rend accessible la quasi-totalité des connaissances du monde. Wikipédia est indépendante de la politique et de l'économie, et les tentatives de manipulation sont surveillées de très près. Tout un chacun est invité à écrire des articles sur un mot-clé.

De nombreuses universités commencent à rendre leurs résultats de recherche librement accessibles. La Technische Universität Berlin a déjà élaboré une stratégie pour cet "Open Access" (libre accès)[42]. Le libre accès libère le savoir de sa dépendance à l'égard des sociétés internet et des contraintes du retour sur investissement. Il est à la disposition de tous.

Contourner les centres de pouvoir

La blockchain[43] est une technologie permettant de contourner les centres de pouvoirs. Dans un réseau, tous les participants ont la possibilité de commercer directement entre eux sans avoir à impliquer une banque. A l'heure actuelle, il s'agit principalement de transferts d'argent, mais la technologie est ouverte à de nombreuses applications. La blockchain pourrait bientôt devenir un nouveau moyen de communication et d'action politique.

L'application la plus connue est le Bitcoin, une monnaie qui circule en-dehors des canaux habituels. Le Bitcoin, en particulier, met en évidence le fait qu'il est aussi possible d'abuser de ce système. La technologie blockchain est un outil qui peut être utilisé à bon ou mauvais escient.

Participer à la création du monde

La chose la plus évidente et la plus essentielle est probablement que nous ne nous figions pas dans des opinions et des manières d'agir existantes, mais que nous prenions le train vers l'avenir, car c'est la seule façon d'être en mesure de l'orienter. Certes, nous devons adopter une attitude critique à l'égard des concentrations de pouvoir telles que Google, Facebook et autres. Mais nous pouvons aussi les utiliser pour des causes importantes. Le défaitisme n'est pas ce qu'il nous faut. Nous avons des possibilités pour contribuer à façonner le monde.

Greta Thunberg s'exprime ainsi : "*Ma propre protestation, qui a rapidement trouvé écho dans le monde entier, démontre que personne n'est trop insignifiant pour faire bouger les choses*".[44]

Confiance ?

Tous ces processus politiques et sociaux se suivent à grande vitesse. Les innovations se succèdent à un rythme rapide. Alors que les changements s'étendaient autrefois sur des siècles, le progrès technique se calcule aujourd'hui en décennies, voire en années. La réflexion et la réglementation sont souvent à la traîne. Tenir bon face à l'accélération exige de grands efforts.

Là où il y a détresse, de nouvelles solutions apparaissent généralement. C'est exactement ce que nous vivons aujourd'hui. La menace est grande, tout comme les initiatives constructives. L'optimisme insouciant n'est pas de mise. Mais la confiance, combinée à la volonté d'apporter une contribution dans un domaine ou un autre, est tout à fait justifiée.

4ème partie : Questions concrètes sur la politique et la société

Dans la quatrième partie, des questions concrètes sur la politique et la société seront examinées. Ce qui a été décrit dans le troisième chapitre comme une vision d'une société intégrale, doit être décliné en questions concrètes sur de la vie politique quotidienne.

Le choix des sujets et leur ordre sont arbitraires. Les textes ne prétendent pas refléter la situation actuelle de notre époque. Ils sont une sélection parmi les nombreuses questions qui nous préoccupent aujourd'hui.

Les textes reflètent ma compréhension personnelle. D'autres mettraient des accents différents. Les chapitres ne doivent donc pas être compris dans le sens de recettes toutes faites. Les recettes ne sont pas utiles en politique. Seuls ceux qui sont au centre des événements peuvent envisager ce qui doit et peut être fait dans une situation concrète, en tenant compte de leurs ressources.

Celui qui réfléchit de manière intégrale cherche à avoir une vision claire de tous les aspect d'un phénomène. Ce faisant, une pondération est requise. Mais une fois que tous les aspects ont été appréciés, il n'y a pas d'hésitation. Des décisions claires sont alors nécessaires. La prise de position ne doit pas être gentille, douce, équilibrée, mais claire, pimentée et engagée.

Les 17 contributions de ce chapitre ont pour but de nous aider à nous exercer à la pensée et à l'action intégrales.

Nous pouvons le faire - le voulons-nous ?

La biotechnologie ne se contente pas de connaître le patrimoine génétique humain, elle cherche à le modifier. Le génome humain a été déchiffré en 2003. Nous savons de quelle manière notre corps se construit de l'œuf fécondé jusqu'à l'être humain adulte. Depuis lors, nous sommes également capables de réécrire le code génétique.

Il y a tant de nouveautés déjà en cours. Des micro-puces implantées dans le corps permettent de faire fonctionner des appareils avec la pensée. Des paraplégiques contrôlent leur fauteuil roulant électrique de manière purement mentale. Celui qui a perdu sa main en reçoit une artificielle et est capable de la faire bouger par la pensée. Qui aurait envie de s'opposer à de tels progrès ?

Des gènes malades sont échangés contre des gènes sains dans l'embryon. C'est utile, mais jusqu'où irons-nous ? Il sera également possible de choisir la couleur des yeux, la taille, la musicalité, ou encore l'intelligence d'un bébé. Résisterons-nous à la tentation de le faire ?

Si nous permettons de tels changements, qu'est-ce qui nous attend ? De nouveaux humains super-intelligents ? Et comment feront ceux/celles qui n'en auront pas les moyens financiers ?

Les mêmes questions se posent dans d'autres domaines. Nous pouvons nous rendre sur Mars – voulons-nous y consacrer autant d'argent ? Nous savons construire des automobiles autonomes - est-ce que cela améliore notre qualité de vie ? Nous pouvons mettre en œuvre "l'internet des choses" - en avons-nous besoin ?

Il est important que nous n'asphyxiions pas inutilement la recherche avec des restrictions. La peur de la nouveauté a toujours existé. Alors que le train "fonçait" à 20 km/h à travers le pays, la population trouva cela dangereux.

Nous pouvons nous réjouir lorsque quelque chose de nouveau devient possible. Mais il faut vérifier : cela en vaut-il la peine ? A qui peut servir cette nouveauté ? Les effets secondaires négatifs sont-ils plus importants ? Y a-t-il suffisamment d'organes de contrôle capables d'orienter ces actions ? Peut-être avons-nous besoin d'un moratoire jusqu'à ce que nous soyons sûrs. Ni un rejet fondamental de la nouveauté, ni une foi naïve dans le progrès ne servent le Tout.

Comment gérons-nous les différences ?

En politique, les positions antagonistes sont la règle. Dans chaque parti, les traditions et les intérêts du moment sont différents. Des différences sont à prévoir, et c'est en ordre. La question est de savoir comment nous voulons les gérer.

Une voie fréquemment empruntée est le jeu de pouvoir : un parti utilise sa supériorité politique pour imposer sa propre position. C'est un procédé très problématique. Il laisse la requête du parti opposé non résolue. Elle se manifestera à nouveau de manière perturbatrice. Et ce processus laisse derrière lui des citoyennes et des citoyens frustrés qui ne se sentent pas entendus.

Une autre voie est celle du compromis. On choisit ce pour quoi tous peuvent s'entendre. C'est mieux, et c'est aujourd'hui largement utilisé. Mais le compromis pose également problème : on s'entend pour une solution au niveau le plus bas, celui auquel tout le monde peut s'accorder. Le conflit n'est pas résolu au niveau de ses questions fondamentales.

Une troisième voie consiste à trouver de nouvelles solutions inattendues, créatives, insoupçonnées. Pour ce faire, un cadre approprié doit être créé. Un parlement habitué à s'affronter n'est guère en mesure de le faire. Outre le débat, il devrait y avoir de la place pour l'imagination. Des formes d'expression favorisant la créativité devraient être introduites. L'humour, le plaisir au travail, la légèreté livreraient plus de résultats qu'une semaine de combats. Au sein de la société civile, de telles méthodes de travail ont déjà été partiellement introduites.

Cela nous semble-t-il impossible à appliquer dans le contexte de procédures politiques ? Cela montrerait à quel point nos idées sur la politique sont bien ancrées. Au parlement et dans les partis politiques siègent des êtres humains, et ceux-ci, en principe, sont capables d'apprendre.

Gauche et droite se complètent

La politique se divise généralement en paires opposées. La paire opposée la plus souvent mentionnée est la droite et la gauche.

- La droite prend fait et cause pour la maturité de l'individu. L'État ne doit pas s'immiscer dans les affaires privées. La gauche s'engage pour la justice. Il faut empêcher certains individus d'exploiter et de désavantager d'autres.

- La droite se base sur la responsabilité personnelle. Elle donne à la personne l'élan nécessaire pour accomplir quelque chose. La gauche veut que l'État veille à ce que les plus faibles soient aidés.

- La droite veut des frontières ouvertes pour le transport des marchandises. Cela favorise la prospérité. La gauche veut protéger l'industrie nationale et la culture régionale, car la vie se déroule dans des espaces à taille humaine.

Qui a raison ? Quiconque examine les positions sans parti pris, doit donner raison aux deux. Il s'agit de pôles opposés et non de différences indissolubles. Mieux encore : en y regardant de plus près, une valeur prédominante finit même par dégénérer[45], si la valeur opposée manque :

- La responsabilité personnelle sans la solidarité mène à la loi du plus fort – l'aide sociale sans responsabilité individuelle paralyse et décourage.

- La dérégulation sans lois conduit à la concentration du pouvoir au profit de quelques-uns – les réglementations restrictives étouffent les initiatives sous la bureaucratie.
- La globalisation sans régionalisation entraîne une perte de démocratie et une uniformité culturelle - La régionalisation sans globalisation isole.

Une politique intégrale part du principe que dans la plupart des conflits, les deux parties ont raison dans leurs préoccupations fondamentales. Elle prend en considération toutes les positions, sans préjugés, les apprécie et intègre leurs contributions constructives dans sa propre proposition.

Ça bouillonne dans la marmite

N'avez-vous pas aussi le vague sentiment d'un grondement dans nos pays ? Qu'une insatisfaction, une tension, une colère se répandent ? En France, elles ont fait ouvertement irruption par le mouvement des gilets jaunes. En Suisse, ça bouillonne encore sous la couverture mais si vous parcourez les commentaires des médias sociaux, vous y trouverez une hargne à laquelle nous n'étions pas habitués. Le stade de foot n'est pas seulement le lieu où se déchaîne l'enthousiasme pour son propre club, des tensions sous-jacentes s'y déchargent également. En politique, le mécontentement se reflète dans le populisme. Celui-ci attire les mécontents et surfe avec le succès. Au Brésil ça va si loin qu'un homme prônant ouvertement la haine et la violence a été élu président.

Le mouvement pour le climat qui traverse nos pays est également une forme de protestation, mais d'une forme pacifique servant une cause mondiale. Lui aussi témoigne d'une insatisfaction, d'une impatience et d'un défi.

En France, la révolte a été déclenchée par le prix de l'essence, mais la colère est dirigée contre tout ce qui représente "l'establishment". La même rébellion contre l'establishment a conduit Donald Trump à la Maison Blanche. Les populistes prennent les réfugiés comme objet de leur haine, mais ils s'en prennent aussi à ceux qui dépendent des aides sociales, aux gens du voyage et aux défenseurs du climat. L'objet de la haine semble diffus, interchangeable.

Une chose est évidente : ça bouillonne dans la marmite.

Suffisamment de tensions alimentent la colère pour faire déborder le vase. Il y a le fossé entre les millionnaires et milliardaires qui s'enrichissent sans vergogne, et les démunis qui sont constamment poussés à bout. Le fossé entre ceux qui portent la responsabilité de l'urgence climatique et ceux qui souffrent de la sécheresse, des tempêtes et des inondations. Et le fossé entre nos pays riches et les pays pauvres.

Le temps est compté. Les tensions sociales s'accumulent souvent durant de longues périodes, mais tout d'un coup, l'indignation éclate. Les solutions constructives n'ont alors que peu de chances d'être considérées.

En règle générale, les tensions refoulées se libèrent en une révolution ou une guerre. Éviter cela est un objectif prioritaire. L'armement militaire et une forte présence policière ne suffisent pas. Il faut s'attaquer aux causes des tensions : inégalités, injustice, humiliation et surtout ce sentiment qui leur est associé de ne pas avoir d'avenir.

Je n'ai pas l'intention de vous faire peur. Je crois que l'humain est fondamentalement bon et capable de trouver des solutions. La vigilance, la prudence, l'observation critique des événements sociaux et politiques sont tout aussi importantes que la confiance, l'engagement et le courage.

Une culture de l'attention

Il y a quelques années fut publié un petit écrit nommé "Le Papalagi"[46]. Un chef de tribu y décrit l'"homme blanc", le Papalagi, comme suit : "*En Europe, peu de gens ont véritablement du temps. Peut-être personne. C'est pourquoi la plupart courent dans la vie comme une pierre lancée. Presque tous regardent par terre lorsqu'ils marchent et projettent leurs bras loin d'eux afin d'avancer le plus vite possible. Si vous les arrêtiez, ils s'exclameraient à contrecœur : "Pourquoi me déranges-tu ? Je n'ai pas le temps, tâche de bien utiliser le tien."*

La question de savoir si cet écrit vient vraiment d'un chef des mers du Sud reste ouverte. Mais la description est parlante. Nous passons vraiment la journée de manière active, la plupart du temps, orientés vers des objectifs avec une volonté contrôlée. Et nous en sommes fiers, puisque nous avons accompli quelque chose.

Mais si nous voulons nous ouvrir à d'autres expériences, à la richesse du monde intérieur, de l'inspiration, de la fantaisie, de l'art, nous devons passablement remettre en question nos habitudes d'aujourd'hui. Pour donner un espace stable à la dimension intérieure, celle-là même qui donne sens, il faut prendre de la distance par rapport aux comportements qui caractérisent notre culture. Cela requiert un mode de vie qui a pratiquement disparu de nos jours. Il s'agit là de cultiver une attitude réceptive : laisser entrer le calme, être ouvert, percevoir avec sensibilité les nombreux stimuli du monde extérieur, répondre avec attention aux subtiles impulsions intérieures.

Beaucoup d'entre nous le vivent, ou l'ont déjà appris. Les formations relatives à la pleine conscience, à la méditation ou à la communication non violente sont largement fréquentées. En Grande Bretagne et en Irlande, la pleine conscience est une matière scolaire. De ces prémices pourrait naître une nouvelle culture. Une culture de l'attention qui pourrait apporter la paix à un monde harcelé et violent.

A quel point la démocratie est-elle démocratique ?

Lorsque le système de gouvernement démocratique fut introduit en Suisse en 1848, l'objectif était de répartir le pouvoir entre tous. Ce n'était plus la noblesse, mais l'ensemble des citoyens (bien que les femmes aient été oubliées) qui devait régner. "Un homme, une voix", tel était le slogan.

La Suisse est considérée comme un pays particulièrement démocratique. Dans les faits, nous avons, avec la démocratie directe, un outil puissant pour garantir le pouvoir au peuple. Nous pouvons discuter de beaucoup de choses, lancer des initiatives, voter. Je ne voudrais pas me passer de cette démocratie.

Cependant, la Suisse n'est pas aussi démocratique que cela. La démocratie est remise en question sous plusieurs angles. Les parlementaires proches de l'économie ne votent souvent pas dans l'intérêt général, mais dans l'intérêt des entreprises dans lesquelles ils siègent au conseil d'administration. Le financement des partis manque de transparence. Les multinationales et les partis financièrement puissants exercent, lors de campagnes coûteuses, une influence qui met ainsi en danger l'équilibre des chances entre les partis.

Mais ce qui est beaucoup plus significatif, c'est que l'ensemble du monde économique n'est pas orienté démocratiquement. En règle générale, les entreprises sont structurées hiérarchiquement. Le chef donne des ordres, sans être élu par la base.

Bien que les décisions fondamentales soient légitimées par l'assemblée des actionnaires, l'ensemble du personnel d'une entreprise, qui est le plus concerné par ces décisions, n'est pas impliqué. Un conseil d'administration qui se réunit n'importe où dans le monde peut fermer ou vendre une entreprise sans que le personnel n'ait son mot à dire. Il existe pourtant des entreprises qui fonctionnent de manière économico-démocratique. Mais elles constituent une niche dans l'ensemble de l'économie.[47]

Ainsi, la raison d'être fondamentale de la démocratie, le partage du pouvoir pour tous, n'est pas mise en œuvre dans des domaines clés. Bien sûr, le chemin pour démocratiser l'économie est un cheminement complexe. Cela ne doit pas aboutir à un système qui affaiblit la motivation personnelle. Cela ne doit pas être un retour vers un système communiste de style soviétique. Une entreprise a besoin de dirigeants proactifs, de structures de gestion efficaces. Le leadership n'est pas anti-démocratique tant qu'il est légitimé démocratiquement.

La condition minimale pour une démocratie est que chacun soit impliqué dans les décisions qui le concernent. Non seulement au niveau de l'État, mais aussi dans l'économie. Les domaines qui touchent tous les citoyen-ne-s ne doivent pas être laissés à la discrétion des possédants.

Une démocratie au plein sens du terme n'existe pas encore. Pour l'instant, cela reste une vision, mais comme déjà dit, les visions guident les étapes concrètes. Chaque étape en direction de la vision est bienvenue.

Le peuple a-t-il toujours raison ?

L'économie ne produit rien sans perspective de vente. Ce sont les consommateurs et les consommatrices qui décident. Ceci correspond aux principes de la démocratie. Si la majorité de la population pense que les grosses voitures gourmandes en essence sont justifiées, alors elles doivent être fabriquées et vendues, c'est logique. Cela vous dérange-t-il ?

Oui, cela me dérange. Parce que la majorité de la population fait prévaloir son désir d'acheter sur ses propres principes. On est pour la protection de l'environnement, mais on fait le tour du monde sans hésitation. On veut moins d'émissions de CO_2, mais on achète des automobiles à grande consommation d'essence. On trouve dommage que les petits magasins bio ferment, mais on fait ses commissions dans de grands supermarchés. On est contre les antennes dans son quartier, mais on a besoin de son téléphone portable. On sait que de nombreux textiles sont produits dans des conditions d'exploitation inadmissibles, mais on évite de se renseigner sur d'autres alternatives d'achat.

Ce n'est pas une accusation. Je me reproche parfois mes propres incohérences. Mais la question est de savoir ce qui doit être appliqué maintenant dans la législation. Ce que les gens pensent être juste, ou bien ce qu'ils mettent en pratique au quotidien ?

Dans le passé, la majorité a créé de nombreuses injustices : acclamer Hitler, refuser le vote aux femmes, opprimer les gens du voyage. De plus, la majorité est souvent imprévisible. Elle s'oriente selon des événements à court terme et chargés émotionnellement. Un buzz se crée rapidement et disparaît tout aussi vite. La majorité est souvent guidée par des émotions, même celles qui sont parfois consciemment exacerbées.

Les deux semblent être incompatibles : le droit démocratique de la majorité et la garantie des valeurs fondamentales. Pourtant, dans une démocratie, tous deux doivent être pris en compte dans un processus de délibération.

Un premier pilier est la Constitution. Elle est le plus souvent décidée à la majorité des deux tiers et ne peut être modifiée avec légèreté. Dans ce contexte il serait important pour la Suisse de disposer d'une Cour constitutionnelle qui pourrait empêcher le Parlement d'outrepasser la Constitution.

Une deuxième sécurité est assurée par les conventions internationales. Si l'État est lié par ces contrats de longue durée, les décisions de courte durée, manipulées et influencées par l'affect sont moins probables.

Et le plus important est probablement de reconnaître les limites de la démocratie et de les mesurer à des valeurs comme la justice, la protection des minorités et l'équité.

La mathématique de la démocratie

Pendant soixante ans, j'ai participé, à quelques exceptions près, à toutes les votations populaires. Mon vote n'a jamais rien changé. Le résultat aurait été le même si j'étais resté à la maison. Était-ce stupide d'être aussi fidèle ? Non, car si tout le monde pensait ainsi, ce serait la fin de la démocratie. La conception démocratique dit : "j'ai agi comme il convient de faire pour un membre mature d'une société démocratique".

Un autre exemple fut commenté il y a quelques années en Suisse : le conseiller fédéral Adolf Ogi avait recommandé à la population de ne remplir la casserole qu'à une hauteur de trois doigts pour cuire des œufs. Cela aurait le même effet qu'une casserole pleine et économiserait de l'électricité. Beaucoup trouvèrent cela amusant. Outre le fait qu'une étude scientifique soutenait l'idée et outre l'effet symbolique, si beaucoup de gens obtiennent un petit effet, il en résulte un grand.

Actuellement, les politiciens discutent dans quelle mesure la Suisse doit taxer le carburant afin de réduire les effets néfastes du CO_2 sur le climat. Les opposants de la politique pour le climat critiquent le fait que la participation de la Suisse ne contribue que d'une partie infinitésimale aux émissions mondiales. L'effort serait démesuré. Mais qu'en serait-il si toutes les nations pensent ainsi ?

En fait, les gens ne seront mûrs pour la démocratie que le jour où, majoritairement, ils comprendront cette "mathématique de la démocratie" et la mettront en pratique.

Ne devrait-elle pas être enseignée à l'école ? Un programme d'apprentissage ne devrait-il pas être élaboré par des pédagogues compétents pour mettre en pratique cette compétence à un stade précoce ?

Le véganisme est tendance

Le véganisme est-il un phénomène de mode temporaire ? Peut-être bien. Mais lorsque les gens commencent à refuser de consommer de la viande, plusieurs thèmes sont concernés.

L'élevage actuel, si nous le considérons globalement, est brutal, exploiteur, atroce. Il n'y a aucun doute à ce sujet. Les animaux sont traités comme des objets, complètement soumis aux objectifs de productivité. Or, les animaux sont sensibles. Ce sont des êtres vivants comme nous et ils ont droit à un traitement correct.

L'élevage massif d'animaux, en particulier de bovins, est nuisible pour le climat à cause de ses émissions de méthane, de protoxyde d'azote et de CO2. La consommation de viande est également problématique pour l'approvisionnement alimentaire mondial : pour produire un kilo de viande une énorme quantité de nutriments doit être consacrée à l'alimentation animale.[48]

Un nombre impressionnant de personnes passe donc à un régime végétarien. Les végétaliens sont encore plus radicaux : ils refusent également de consommer des produits d'origine animale comme le lait et les œufs. En 2017, 11 % se déclaraient végétariens et 1,5 % végétaliens en Suisse.[49]

Dans l'esprit de la pensée intégrale, nous sommes habitués à toujours considérer une question depuis des angles opposés. Le fait qu'un être vivant doive se nourrir d'autres êtres vivants est une caractéristique essentielle de l'évolution. Dans ce sens, manger de la viande est normal pour nous les humains.

Nous sommes confrontés à une polarité typique : d'une part, le fait de servir de nourriture à un autre être vivant est une réalité de notre monde – d'autre part, cette même évolution nous a donné accès à des valeurs telles que la bonté et la compassion. Entre ces deux pôles, nous cherchons notre chemin en tant qu'individus. Cependant, l'objectif politique ne doit pas être oublié : établir des règles nationales et internationales pour empêcher l'élevage cruel et l'exploitation des animaux.

Du goût d'avoir des ennemis

Les clichés ennemis sont merveilleux ! Ils nous déchargent de la tâche de régler les détails fastidieux. Quelqu'un est le méchant et c'est tout. En politique, les clichés ennemis simplifient les événements souvent difficiles à cerner. Et dans le voisinage, ils renforcent le sentiment d'appartenance des personnes bien intentionnées. Une fois que quelqu'un est un "ennemi", nous pouvons l'écraser en toute sécurité. Lorsqu'un gouvernement veut faire la guerre, il crée des clichés ennemis. L'adversaire doit devenir un monstre, sinon le peuple n'est pas motivé pour la guerre et les soldats se battent avec trop d'hésitation.

Les Russes se prêtent depuis près de cent ans à être des ennemis politiques. Mais l'Iran, la Corée du Nord, la Chine en font également partie. Aux États-Unis, on les appelle les États voyous. Ils doivent être représentés comme étant aussi odieux que possible afin de pouvoir être attaqués militairement, en toute bonne conscience.

Les clichés ennemis se concentrent aussi volontiers sur des personnes : Assad, Erdogan, Poutine, Kim ou encore Trump. Vous n'avez même plus besoin d'y regarder de plus près ! On le sait ! Au fond, ces clichés ennemis, par leur approche, favorisent la guerre.

Bien sûr, il existe aussi des clichés ennemis dans notre entourage privé. Si mon voisin m'ennuie régulièrement avec sa monstrueuse souffleuse, je perds toute mesure et développe de la haine. Et j'oublie de le comprendre depuis sa perspective.

Ces clichés ennemis sont souvent basés sur des faits. Mais dans leur caractère unilatéral, ils sont injustes et alimentent des conflits. Les "méchants" ne sont pas seulement méchants. Baschar-al-Assad lutte contre une partie de son peuple, mais il est également le président élu d'un État qui se défend contre une rébellion dirigée contre lui. Recep Tayyip Erdogan défie toutes les lois de la démocratie, mais il est aussi le fer de lance d'une nation musulmane qui a été manifestement confrontée trop tôt avec la culture occidentale. Vladimir Poutine adopte une ligne très dure contre l'opposition, et il a annexé la Crimée, mais il a rendu la Russie à nouveau gouvernable après qu'elle se soit effondrée en deux camps au temps d'Eltsine : quelques oligarques d'un côté, le peuple appauvri de l'autre. Kim Jong Un est dangereux dans sa quête de faire de la Corée du Nord une puissance nucléaire, mais son peuple se voit exclu de tous les pays et l'aime donc comme un père protecteur, bien que sévère.

Beaucoup de ceux que nous traitons de terroristes, agissent peut-être par désespoir face à la situation intolérable que leur peuple endure et par l'impossibilité de se faire entendre d'une autre manière. Même la diabolisation d'Hitler risque de déformer la réalité : pour sa réussite, il a fallu que des milliers d'Allemands votent pour lui et le soutiennent. Et en ce qui concerne Donald Trump - voulez-vous essayer vous-même une évaluation ?

La qualité de vie au lieu de la croissance

Presque tous les partis politiques et surtout les milieux économiques aspirent à la croissance. Et ils évoquent la menace de perte d'emplois si la croissance ne se poursuit pas à un rythme soutenu. Même dans les médias, la contrainte de croissance économique n'est guère remise en question.

Cette attitude correspond au fait qu'une grande partie de la population défend également le principe de croissance économique dans la vie privée : des voyages toujours plus lointains pour les vacances, des voitures toujours plus grandes et plus puissantes, un nouveau smartphone chaque année.

La croissance est en soi une bonne chose, c'est le principe de toute vie. Chaque organisme veut atteindre son plein développement. La croissance matérielle a également été nécessaire pendant longtemps et l'est toujours dans les pays qui en ont besoin. Les gens veulent être nourris et approvisionnés en marchandises.

Mais aujourd'hui, la croissance atteint une limite. Déjà en 1972, le Club de Rome intitulait son très respecté livre "Limites de la croissance". Aujourd'hui, même les enfants le savent : la croissance économique détruit notre planète. Nous avons déjà surexploité nos ressources.

Le système économique actuel ne peut exister sans croissance. Il doit donc être modifié ou remplacé. Même si la croissance est nécessaire dans une phase transitoire afin de sauver des emplois, elle ne doit dorénavant plus être un objectif. Sauver des emplois est une bonne chose mais ce n'est pas la voie à suivre, car bientôt il n'y aura plus de plein emploi.

Nous avons besoin de nouvelles solutions créatives. L'une d'elles est la dissociation de l'emploi et du revenu, afin que les personnes sans emploi puissent également vivre dignement. Un revenu de base inconditionnel [50] est une approche prometteuse.

Ensuite, une attitude dont nous avons besoin est une autolimitation raisonnable de consommation de biens matériels. Une croissance oui, mais en créativité, en qualité de vie et en activités qui font sens. Pour cela, nous n'avons pas besoin d'une surabondance liée à une mentalité de gaspillage.

La terreur - la violence des faibles

Il est incontestable que les attentats contre des civils sont des actes odieux que rien ne justifie et qu'ils sont à combattre par tous les moyens possibles. Mais je voudrais aussi souligner le revers de la médaille. Elle a une longue histoire, et on l'oublie souvent.

Les pays européens se sont partagés les territoires islamiques, ils ont opprimé et exploité économiquement leurs populations pendant des dizaines d'années. Au moment où les colonies ont acquis leur indépendance, ces mêmes États européens ont eu recours à la corruption ou à la force pour amener au pouvoir des gouvernements corrompus, afin de poursuivre l'exploitation économique de manière plus discrète. Ainsi, même les pays riches en matières premières sont restés pauvres. Aujourd'hui l'exploitation est poursuivie par des multinationales, dont quelques-unes ont leur siège en Suisse[51].

En plus, ces derniers temps, les États-Unis d'Amérique et leurs alliés qui se sentent habilités à bombarder partout où ils présument trouver leurs ennemis. Les habitants de ces pays ne savent jamais quand une bombe va les détruire, eux et leur maison. Ils perdent des êtres chers, la colère grandit. Il est frappant de constater que même les terroristes qui vivent dans nos pays sont toujours issus de milieux défavorisés et ont peu de perspectives d'avenir. On se rend de plus en plus compte qu'Al Qaida et l'EI ne sont pas seulement la cause de nombreux maux, mais aussi la conséquence de nombreux manquements commis par des États occidentaux.

Barak Obama a ouvert une voie à la réconciliation avec les pays musulmans dans un magnifique discours au Caire, le 4 juin 2009.[52] Il reçut le prix Nobel pour cela. Malheureusement, il n'en est pas sorti grand-chose. Mais à long terme, il n'y a probablement pas d'autre solution que d'essayer d'admettre sa culpabilité et de proposer une réconciliation. Le Mahatma Gandhi et Martin Luther King ont suivi cette voie avec succès. Même avec un déploiement accru de la police et de l'armée, il ne sera pas possible d'empêcher les attentats suicides. Ils deviendront d'autant plus fréquents que la haine grandira. Une question reste ouverte, c'est de savoir si et comment une voie de réconciliation est possible. Mais ce qui est sûr, c'est qu'elle ne passera pas par une escalade de la violence.

Le temps des mythes des héros de guerre est révolu. Une voie de réconciliation doit être envisagée. Si les État étaient des personnes mûres, cela se passerait comme suit : l'Occident offrirait aux pays islamiques un cessez-le-feu immédiat et inconditionnel. Il se déclarerait prêt à retirer toutes les unités armées et tout le matériel militaire de leurs territoires dans un délai donné. Il s'excuserait auprès de ces peuples pour l'injustice qui leur a été faite et leur promettrait de les aider à reconstruire les zones détruites. A moyen-terme, il démantèlerait toutes les structures d'exploitation postcoloniales. Il laisserait ces pays résoudre leurs propres problèmes.

Une fois de plus, je me surprends à être un utopiste. Il est peu probable que cela se produise ainsi. Mais le chemin de la solution va dans cette direction. Et les mesures prises dans ce sens méritent d'être soutenues.

Le climat et une génération à l'esprit politique

La grève du climat de la jeune génération a fait prendre conscience à nombre d'entre nous que nous sommes responsables de l'avenir. Même si la mise en œuvre fait toujours défaut, la nouvelle attitude peut lentement mais inexorablement conduire à de nouveaux comportements : les gens réduiront les vols, limiteront le trafic individuel, achèteront des équipements et des aliments à faible impact, mangeront moins de viande, répareront au lieu de jeter.

Dans le monde des affaires aussi, nombreux sont ceux qui ont déjà compris que de nouvelles tâches, mais aussi de nouvelles opportunités les attendent, et qu'il est même dangereux de tarder trop longtemps pour prendre le train. Il se passe beaucoup de choses : des énergies renouvelables sont produites, de nouvelles possibilités de stockage sont développées. L'efficacité des appareils s'améliore, les murs des bâtiments sont isolés, les trajets sont raccourcis. Ici aussi, nous avons tous une possibilité d'exercer une influence : l'industrie deviendra plus économe en énergie à mesure que nous achèterons des produits écologiques.

Et pour la politique ? Ici aussi, les choses bougent déjà. La Suisse soutient les accords internationaux sur la protection du climat. Elle est déterminée à apporter sa contribution à l'objectif internationalement reconnu de limiter le réchauffement climatique à moins de deux degrés. Depuis 2008, une taxe est prélevée sur les combustibles fossiles tels que mazout et gaz naturel. Il existe des réglementations sur les émissions des véhicules. L'isolation des bâtiments est subventionnée.

Mais une résistance persiste au sein du Parlement. Souvent, les intérêts économiques à court terme priment. Des stratèges de partis jettent de la poudre aux yeux de leurs membres. Sont-ils conscients de leur responsabilité ? Nous pouvons avoir une influence en élisant au Parlement des personnes qui placent les valeurs communes au-dessus de leurs intérêts personnels.

Les jeunes du mouvement de la grève du climat, qui soutiennent une politique climatique active, échappent aux chamailleries des partis politiques. Ils organisent leurs rassemblements avec joie et créativité. Ils rejettent la violence, ils argumentent de manière factuelle et compréhensible.

Comme pour tous les grands mouvements, la progression est lente. Ce sont les médias sociaux qui offrent aux individus et aux groupes engagés des possibilités de contribuer à la sensibilisation par le biais d'informations ou d'actions. Il est encore possible d'éviter, ou au moins d'atténuer la catastrophe. Mais le temps presse.

La question délicate de la propriété

Un économiste voulait me parler de théologie et d'économie. Il m'expliqua qu'il n'y avait pas de problème avec la richesse, puisque les riches réinvestissent leur argent et créent des emplois. Je lui demandai s'il trouvait juste qu'un riche puisse naviguer sur les mers avec un yacht valant un million, alors que d'autres n'avaient même pas le nécessaire pour survivre. Oui répondit-il, il trouvait cela juste car cela créait des places de travail pour les constructeurs de navires. Je poursuivis : voilà une diva qui reçoit pour son anniversaire de la part de son petit ami un vibromasseur incrusté de perles. N'est-ce pas un abus insensé des ressources dans un monde frappé par la pauvreté ? Non, cela permet de remettre les pêcheurs de perles au travail. J'ai renoncé à toute autre argumentation.

Commençons par le plus élémentaire. Le principe de base veut que tous les humains aient des droits égaux pour accéder aux biens de ce monde. Il n'y a pas de droit de naissance à la richesse, il n'y a pas de destin à la pauvreté. Depuis la déclaration d'indépendance des États-Unis, l'égalité des droits humains est inscrite dans la Constitution de chaque démocratie. N'est-il pas étrange que presque personne aujourd'hui ne soit gêné par un ordre économique qui non seulement tolère l'inégalité, mais en fait un principe ?

Le droit de propriété n'est pas un droit absolu. La distribution actuelle des biens n'est pas un droit de l'homme, c'est tout simplement une habitude établie, le produit d'un ordre économique qui s'est installé et qui n'est pratiquement jamais remis en cause.

Au moins les ressources vitales comme le sol, l'eau et l'air ne doivent pas être exposés à la spéculation et à l'enrichissement privés. Des coopératives, des fondations et autres formes d'entreprises semblables, pour lesquelles le profit est réparti à la faveur de tous, devraient bénéficier de la place qui leur revient dans l'économie.

Les structures économiques sont aujourd'hui tellement interconnectées au niveau international, que tout changement ébranlerait l'ensemble de la structure. Nous ne pourrons donc pas les modifier aussi rapidement. Mais nous ne devons pas perdre la vision d'une société dans laquelle chacun prend part aux richesses du monde. Considérer le système économique actuel comme difficile à changer est réaliste, le déclarer comme unique vérité est cynique.

Les réfugiés et la peur de l'étranger

La peur de l'étranger est innée en nous. Le nouveau-né apprend très tôt à distinguer le visage de sa mère de celui des autres. Ce qui est familier signifie sécurité, l'inconnu est une menace. Même si nous avons grandi culturellement au-delà de ce réflexe et que nous pouvons distinguer ce qui est une vraie menace de ce qui ne l'est pas, le réflexe intervient systématiquement lorsque nous sommes exposés à la peur ou au stress.

La défense contre l'étranger se manifeste aujourd'hui surtout dans la question des mouvements d'immigration. Fondamentalement, nous nous considérons comme un seul peuple humain voulant jouir ensemble des trésors de la Terre. Fondamentalement, nous savons que les frontières nationales sont artificielles. Fondamentalement, nous savons aussi que l'Europe a pillé les pays d'origine des réfugiés pendant des siècles et que l'économie occidentale continue de les piller par le biais de ses entreprises. Sur le plan éthique, la question est claire : nous devons aux réfugiés de les accueillir dans la mesure du possible, mais surtout nous devons les aider à mener une vie digne dans leur propre pays.

Du point de vue de la vision, l'affaire est claire. Et qu'en est-il de la mise en œuvre ? Angela Merkel a généreusement autorisé un grand nombre de réfugiés à entrer dans son pays. Pour eux, ce fut merveilleux. Mais cette situation a éveillé la peur dans une grande partie de la population. La peur que les réfugiés profitent des allocations sociales et accaparent les emplois, la crainte de perdre l'identité nationale ou religieuse. Cela généra de la haine et de la violence. Des milieux populistes de droite en ont profité. Mais la question est légitime : combien de personnes pourrions-nous accueillir sans que la tension dans notre propre population ne devienne trop importante ? Est-ce que l'immigration s'arrêtera avant qu'elle ne nous menace ?

Une vision globale du monde, telle que nous la recherchons dans la pensée intégrale, prendra les deux dimensions en compte : la détresse des réfugiés fuyant des pays étrangers, et la résistance de ceux qui en sont effrayés.

Le problème est complexe. Prendre parti pour un simple oui ou un simple non, sans nuance n'est pas la solution. Des solutions équilibrées doivent être recherchées. L'une d'elles est certainement d'offrir une aide généreuse et efficace sur place, dans les pays touchés. Bien entendu, cela implique également de mettre fin à l'exploitation de ces pays par nos multinationales. Une deuxième solution consiste à utiliser pleinement les capacités d'accueil. Une troisième est de traiter tous ceux qui ont trouvé refuge chez nous comme des humains à part entière.

La honte d'être un "Gutmensch"

En 2015 en Allemagne, "Gutmensch"[53] (littéralement homme bon) fut élu le mot absurde de l'année. Le choix fut justifié par l'argument selon lequel ce terme diffame la serviabilité en la qualifiant de naïve, stupide, irréfléchie.

"Gutmensch" diffame effectivement des personnes qui s'investissent sans intérêt personnel dans une cause qui leur tient à cœur. Dans le passé, les écologistes en étaient déjà la cible, aujourd'hui ce sont tous ceux et celles qui travaillent pour les réfugiés. Donc tout type d'engagement, d'investissement pour la bonne cause peut être ciblé.

Le mot "Gutmensch" est de toute évidence un mécanisme de défense de ceux qui se sentent menacés dans l'image qu'ils ont d'eux-mêmes, par l'altruisme de ces personnes. Cela leur évite ainsi d'avoir à traiter le sujet, ou leur permet de se dérober à la critique lorsqu'ils ont des opinions racistes, sexistes ou homophobes.

Mais à cette question il y a aussi un revers. Être bon peut également être lié au besoin de se sentir moralement meilleur que les autres. Blâmer les autres d'être antisociaux, injustes, égoïstes peut également servir à l'autosatisfaction. Celui qui humilie l'autre se sent plus fort que lui. Le monde peut ainsi être clairement divisé entre les bons et les méchants, et les méchants sont bien sûr toujours les autres. Si nous nous engageons pour une bonne cause, il est utile d'examiner nos motivations. Je suis volontiers un "Gutmensch" si cela signifie que je m'engage pour la justice, l'humanité, la réconciliation et la bonté. Et il est de mon devoir d'examiner dans quelle mesure des motivations impures se mêlent à mon attitude.

Est-il naïf de croire en une autre politique ?

Dernièrement, un journaliste écrivait qu'il est naïf de s'attendre à ce que des parlementaires recherchent le bien commun. Selon lui, la politique est une "compétition sportive entre représentants d'intérêts". En fait, cette affirmation est probablement correcte. Mais est-ce ce que nous voulons ?

Parfois, des images parlent mieux que des arguments. J'imagine tous les présidents de partis, assis à une même table. Chacun tire sur un coin de la nappe pour obtenir les meilleurs morceaux. Ceci dans l'espoir de créer un équilibre des forces et de maintenir les plats sagement sur la table.

Un point de vue différent est aussi possible : les partis mettent la table ensemble, chaque parti y dépose sa spécialité et tous peuvent l'apprécier.

Est-ce naïf ? Il devient de plus en plus évident que le système de partis actuel est inefficace, voire carrément destructeur. Au lieu de chercher ensemble des solutions dans l'intérêt général, chaque parti apportant sa propre contribution, les partis se battent et s'affaiblissent mutuellement. Il n'y a pratiquement plus de majorité pour des projets créatifs. Une année sur quatre est perdue, parce que les partis ne se préoccupent plus des questions de fond, mais de gagner des voix. Si les partis étaient des personnes, nous devrions les désigner comme des égoïstes mesquins qui se bloquent mutuellement. Dans la vie privée, nous adhérons à des valeurs complètement différentes.

Bonté, sollicitude, coopération et amour comptent en famille et dans nos cercles d'amis. Ces valeurs sont également vécues dans de nombreux groupes sociaux et politiques. Est-il naïf de penser qu'elles sont également praticables en politique ?

Oui, c'est peut-être naïf. Mais peut-être s'agit-il simplement de la croyance en notre propre humanité. Peut-être la nécessité d'unir nos forces nous obligera-t-elle bientôt à revenir aux valeurs de coopération, de solidarité dans la recherche de la meilleure solution possible.

Ce que j'ai écrit dans ces lignes, je l'ai écrit avec mon coeur. Cela ne signifie pas que cela doit aussi être juste de votre point de vue. Je serais donc heureux de recevoir des réactions, qu'elles soient positives ou critiques. Voici mon adresse : wkaiser@bluewin.ch.

Annexe A :
Des pionniers de la pensée intégrale

Ci-après sont présentés quelques penseurs ayant contribué à la pensée intégrale.

Sri Aurobindo

Le mystique et philosophe Indien Sri Aurobindo (1872 - 1950) avait déjà fait remarquer très tôt que la "conscience mentale" dominante ne pourrait plus faire face aux tâches à venir de l'humanité, qu'une "nouvelle force de conscience" devait émerger. Il la qualifia de "supramental".

Jean Gebser

Le concept "conscience intégrale" fut forgé par Jean Gebser (1905 - 1973). Il vivait à Wabern, près de Berne. Derrière l'église protestante, un modeste monument est érigé à sa mémoire. Sur la base d'innombrables études anthropologiques, mythologiques, linguistiques et d'histoire de l'art, il a élaboré un modèle de développement de la conscience en cinq "structures" :

- La conscience archaïque : l'état originel dans lequel l'âme humaine était encore "inconsciente". Il n'y a pas encore de séparation entre dedans et dehors. Je, nous et le monde forment une unité.
- La conscience magique : l'homme prend conscience du monde. Il perçoit les événements de manière sélective sans les relier dans l'espace ni dans le temps. Il n'a encore aucune connaissance relative à l'espace

ou au temps. Le monde est un champ de forces inconnues qui le fascinent, mais le menacent aussi. Il essaie de les influencer par des incantations et de la magie.
- La conscience mythique : les forces de la nature sont désormais perçues de manière personnalisée. Un monde de dieux se crée, qui sont conçus selon les modèles de l'âme humaine. Ils sont décrits dans des contes mythiques, qui expliquent le monde et maintiennent la cohésion de la société. La vie est maîtrisée par de l'obéissance à la volonté des dieux, puis à de Dieu.
- La conscience mentale : l'homme acquiert la capacité de distinguer entre le mythe et la réalité. Vers 600 avant J.-C., des systèmes philosophiques et religieux distincts du mythe émergent dans différentes cultures (philosophie grecque, prophètes juifs, Bouddha, Lao-Tseu). Le mythe domine toujours dans la religion ; mais désormais, les cultures s'efforcent de concilier le mythe avec la raison. Vers 1500 après J.-C., la structure mentale, du moins dans nos cultures, se renforce. Le rationnel devient l'unique critère de vérité. "L'ère moderne" est en train de naître.
- La conscience intégrale : il devient évident que l'ère du mental-rationnel touche à sa fin et que quelque chose de nouveau se développe : la conscience intégrale.

Ce niveau se caractérise par une vision holistique du monde. Le monde se perçoit de façon "a-perspective". Selon Gebser, il reste à voir à quoi ressemble cette conscience.

Ken Wilber

Des décennies plus tard, l'auteur américain Ken Wilber (né en 1949) développa le concept et contribua de manière significative à sa diffusion. Pour notre sujet, son examen de l'ère post-moderne est particulièrement intéressant. Gebser ne pouvait pas encore le connaître.

Wilber se bat contre la dissolution des valeurs dans le postmodernisme (voir la discussion dans la deuxième partie de ce livre). Il la dénonce comme un acte arbitraire. Et il lutte avec acharnement contre un mouvement "vert" aux États-Unis qui, selon lui, veut revenir de l'ère moderne à des concepts pré-rationnels tels que le chamanisme, le culte de la nature et autres. Il ne veut pas revenir au stade d'avant le postmodernisme.

Pour Wilber, le postmodernisme est un phénomène transitoire. Il s'attend à une "ère post-post-moderne". Le postmodernisme a le mérite d'avoir ébranlé l'ère moderne, figée. Mais le développement doit aller au-delà.

Wilber veut supprimer l'"arbitraire" en incluant la spiritualité dans la vision du monde. Pour cela, il fait d'une part référence à la "philosophia perennis" : dans des tableaux détaillés, il démontre que les grands philosophes, scientifiques et mystiques de toutes les cultures et de tous les siècles suivent des idées de base communes aux niveaux des structures de conscience de Gebser. Ces tableaux mettent en évidence des structures et des valeurs spirituelles qui transcendent le temps et qui dépassent toutes les perceptions individuelles, ce qui rend possible une synthèse entre la science, la philosophie et la religion et permet ainsi d'établir à nouveau une base idéologique solide.

Il a d'autre part développé une philosophie qu'il appelle "une théorie de tout" (a theory of everything). Elle pourrait servir de base à tous les phénomènes du monde. Cette affirmation peut être remise en question, mais la contribution de Wilber à l'expansion et à la diffusion de l'approche intégrale est importante.

Spiral Dynamics

Aux États-Unis, Claire W. Graves et Don Beck ont poursuivi le développement de ce concept. Ce faisant, ils ont également fait référence à des études plus récentes sur le développement humain. Ils différencièrent six "mèmes" (teneur de la conscience, transmis culturellement de la même manière que le sont les gènes, biologiquement) :

- la conscience de base (archaïque) (mème violet)
- la conscience du guerrier (mème rouge)
- la conscience traditionnelle (mème bleu)
- la conscience moderne (mème orange)
- la conscience postmoderne (mème vert)
- la conscience intégrale (mème jaune)
- l'intelligence sommative (mème turquoise - l'aptitude qui se développe maintenant : coopération mondiale afin de régler les problèmes globaux)

Ces étapes de développement sont mesurables selon la spirale dynamique. On s'attend à ce que la masse critique de personnes pensant de manière essentiellement intégrale soit bientôt atteinte et que la pensée et l'action intégrales prévalent alors.

Annexe B : annotations

[1] Objectifs du Millénaire pour le développement (OMD). Rapport de l'ONU 2015

[2] Résolution de l'Assemblée générale de l'ONU du 25 septembre 2015

[3] Guido Mingels: *Früher war alles schlechter*. Editions Spiegel 2018

[4] Car j'aime la bonté, et non le sacrifice, et la connaissance de Dieu plus que les holocaustes" Osée 6,6

[5] Club de Rome: *Les limites de la croissance*. 1972

[6] Les sciences naturelles déclarent d'entrée de jeu qu'elles n'étudient que les phénomènes qui peuvent être perçus par les organes des sens ou des dispositifs sensoriels et qui en découlent par des processus mathématiques et logiques. Les expériences subjectives, les sentiments et les besoins du chercheur ou de la personne examinée doivent rester en-dehors. C'est une bonne chose. Avec cette limitation, la science garantit son exactitude. Mais il est absurde de prétendre que les phénomènes exclus n'existent pas.

Pour qu'un résultat soit considéré comme scientifique, il doit être vérifiable. Le processus sur lequel est basée toute nouvelle connaissance doit pouvoir être répété à tout moment et conduire au même résultat. Mais cela exclut une partie de la réalité, à savoir tous les phénomènes qui ne se répètent pas. Par exemple, une expérience spirituelle profonde qui est devenue décisive pour la vie d'une personne. Pour la science, il est légitime de ne pas en tenir compte. C'est abusif lorsqu'elle le nie.

Tout cela a un impact sur l'action politique. Une vision purement rationnelle de l'humain en fait un ordinateur. Et encore, un ordinateur qui n'aura bientôt plus rien à dire face à des ordinateurs plus intelligents. Aujourd'hui, une pure pensée de la finalité et de l'utilité conduit également à une domination démesurée de l'économie sur les dimensions de l'humanité.

[7] Jean Gebser (1905 – 1973), philosophe etisse spécialiste de l'évolution de la conscience humaine.

[8] Le principe de complémentarité fait partie de la physique quantique et signifie que des descriptions contradictoires ne s'excluent pas mutuellement.

[9] Jean Gebser (1905 – 1973) a inventé le nouveau mot "intégral" pour la nouvelle conscience émergente". Voir aussi annexe A.

[10] Le système de pensées des soixante-huitards a été inspiré du très lu "Petit livre rouge" de Mao Tse-Tung: *Citations du président Mao Tse-Tung*. Bibliothèque Dissidente, 2019

[11] Le postmodernisme est compris comme un mouvement des années 70 et 80, distinct de la période précédente et englobant de nombreux domaines de la vie sociale : architecture, philosophie, littérature, art, politique. Il se défend contre les termes généraux et les concepts figés et cherche à se libérer en s'ouvrant à la diversité.

[12] *La condition postmoderne. Les Editions de Minuit 1994*

[13] Recommandation sur l'ensemble du thème de la philosophie postmoderne : Wolfgang Welsch : *Vernunft. Die zeitgenössische Vernunftkritik und das Konzept der transversalen Vernunft*. Suhrkamp Verlag 1996

[14] Ken Wilber, en particulier, s'est occupé de cette question (voir annexe A).

[15] S'il m'en reste le temps, je pense développer cette question dans un écrit ultérieur.

[16] Immanuel Kant: *Critique de la raison pratique, Books on Demand,* 2020

[17] Jürgen Habermas (né en 1929) voit une solution dans le problème de la vérité dans le discours. Présenté dans Jürg Habermas: *La théorie de l'agir communicationnel.* Fayard 1967

[18] Site internet Economie pour le bien commun : www.ecogood.org

[19] A ce propos, voir aussi annotation 6

[20] Genèse 1,28. Le texte intégral s'intitule ainsi : *"Dieu les bénit, et Dieu leur dit: Soyez féconds, multipliez, remplissez la terre, et l'assujettissez; et dominez sur les poissons de la mer, sur les oiseaux du ciel, et sur tout animal qui se meut sur la terre." (Traduction Louis Second Bible)*

[21] Le parti et mouvement suisse "Politique Intégrale (PI) existe depuis 2011 et vise à introduire la pensée intégrale en politique.

[22] Information tirée d'une interview avec l'ancien champion mondial d'échecs Garri Kasparow dans le Thuner Tagblatt du 31.1.2019

[23] On en trouve une bonne représentation dans Gerard Willke: *Kapitalismus*. Campus Verlag 2006

[24] Nous en sommes loin. L'avoir passe souvent avant la qualité de vie. Le désir de consommation se manifeste, surtout dans la période précédant Noël, de façon malsaine. Il semble que le modèle économique compétitif ait également des répercussions dans l'attitude de vie.

[25] Les rapports du Intergouvernemental Panel on Climate Change (IPCC) peuvent être téléchargés en français à l'adresse internet suivante :
https://www.ipcc.ch/languages-2/francais/

[26] Etude de l'Université de Berne de 2019, qui a inclus dans ses recherches l'histoire du climat des 2000 années passées.

[27] Rapport de synthèse 2014 du IPPC sur le changement climatique

[28] Conseil consultatif du gouvernement allemand, *changement global : l'avenir des océans - trop chaud, trop haut, trop acide.* Rapport spécial, Berlin (2006)

[29] La Charte des Nations Unies et le Statut de la Cour internationale de Justice, United Nations Pubn 2015

[30] Banque Wir : https://www.wir.ch/
Chiemgauer: https://www.chiemgauer.info/
EulachTaler: https://eulachtaler.ch
Le Farinet: https://www.lefarinet.ch/
Le Léman :   http://monnaie-leman.org/
NetzBon: https://www.netzbon.ch

[31] https://www.kalkbreite.net

[32] En Suisse Romande de nombreuses coopératives d'habitation pourraient être citées.

[33] La plateforme "Gründerküche" décrit l'initiative comme suit : "Les entrepreneurs sociaux voient avant tout dans les innovations écologiques et sociales la possi-

bilité de rendre la société plus vivable grâce à l'action entrepreneuriale, c'est-à-dire développer ses capacités, devenir plus riche par la diversité, la communauté et la justice."
https://www.gruenderkueche.de/fachartikel/die-social-entrepreneurship-szene-in-deutschland-teil-1-startups-unternehmen-und-events/

[34] En Suisse Romande les chambres de l'économie sociale et solidaires soutiennent ces démarches.

[35] Internet-Diskussionsforum. https://politikforen.net

[36] https://wecollect.ch

[37] Campax. Organisation de campagnes ayant son siège à Zurich. https://www.campax.org/fr/

[38] Plateforme pour initiatives citoyennes, pétitions et campagnes : openpetition.eu/fr/

[39] Site internet mondial pour des campagnes. https://avaaz.org/page/fr/

[40] https://secure.avaaz.org/page/fr/about/

[41] Outre le célèbre Wikipedia, il existe :
- wikinews (journalisme libre)
- wiktionary (dictionnaire)
- wikiquote (citations)
- wikidata (base de données libre)
- wikisource (textes et sources libres de droits) et autres

[42] https://www.ub.tu-berlin.de/publizieren/open-access

[43] https://www.blockchain.com/fr

[44] The Guardian, 4.12.2018

[45] A ce sujet, comparez "le carré des valeurs" de Schulz

von Thun. Friedemann Schulz von Thun: *Miteinander reden, Teil 2*. Rororo Verlag 1989.

[46] Erich Scheurmann, *Le papalagi*. Aubiers-Montaigne 1992

[47] Sur ce thème, voir "démocratie économique" sur Wikipedia

[48] Office fédéral de l'agriculture : *Les effets du changement climatique sur l'agriculture* du 27-7-2016

[49] Enquête représentative réalisée par la société d'études de marché DemoSCOPE pour le compte de Swissveg en 2017

[50] En Suisse, une votation sur le revenu de base inconditionnel a eu lieu en 2016. Chaque citoyen, chaque citoyenne devait recevoir 2'500 francs. L'initiative a été rejetée par 74,9 %. En Allemagne, en Finlande, en Italie et dans d'autres pays, un revenu de base est en cours de discussion ou déjà expérimenté.

[51] Ces faits sont bien documentés dans : Jean Ziegler, *Change le monde : il en a besoin !* Edition Points 2018.

[52] http://www.ag-friedensforschung.de/regionen/USA /obama-rede-kairo.html

[53] Littéralement un homme bon. Dans cette traduction, une personne angélique, le terme bonasse s'appliquerait également mais son usage est déformé aujourd'hui.